절대의 파편들

임홍빈과
황설중·소병일·양대종·권영우가 함께한
철학의 향연

절대의 파편들

깨어 있는 삶과 철학적 의심

절대의 파편들

임홍빈과 헤겔 철학

사건으로서의 인간 존재

죄와 양심이라는 화두

왜 인간은 '종족주의', 즉 '무리 본능'을 극복하기 어려운가?

임홍빈의 기술 철학에 대한 평가와 의의

왜 기술은 숙명적 질서인가?

예술과 무한성의 이념

절대의 심연

임홍빈 외

KU PRESS
고려대학교
출판문화원

머리글

임 홍 빈

철학은 논쟁이다. 논쟁 자체는 오직 자유로운 존재들만이 향유할 수 있는 특권이지만, 정작 논쟁이 시작되면 모든 형태의 '특권'은 인정되지 않는다. 고대 그리스인들은 그래서 배타적이고 절대적인 유일신을 생리적으로 수용하거나 이해할 수 없었다. 사도 바울이 아테네의 '아레오파고스'에서 전달하려 한 복음의 메시지가 허공에 메아리친 것은 당연한 귀결이다. 아마 그가 신이 인간을 포함해서 모든 것을 창조했다고 말하는 순간, 당시 아테네 철학자들은 바로 '그렇다면 신은 누가 창조했는가?'라고 물었을 것이다. 《사도행전》도 당시 아테네 지식인들의 특징을, 새로운 것에 대해 무척 호기심이 많은 사람들로 묘사한다. "누가 신을 만들었는가?", "'평등'이란 개념은 자연의 질서에 반하는 것이 아닌가?" "자유 의지에 대한 모든 주장은 헛소리인가?" 그러나 "바로 이 주장 자체는 자가당착이 아닌가?"와 같은 물음은 철학이 살아있는 정신의 활동임을 보여 준다. 흥미 있는 철학적 논쟁일수록 본질에 대한 물음인 경우가 대부분인데, "그것은 무엇인가?"와 같은 형태의 물음은 대개의 경우 지속적인 논쟁을 촉발시킨다. 그래서 '물질'이나 '생명', '시간'의 본질에 대한 물음 역시 자연 과학자들을 불가피하게 철학적 논쟁으로 끌어들인다. 우리는 가장 본질적이고 근본적인 물음일수록 미궁에 빠지는 것을 목격해 왔으며, 아마 앞으로도 그럴 것이다. 이는 "왜 신이 남성명사로 지칭되어야 하는가?"와 같은 물음보다 더 오랜 논쟁으로 남게 될 것이다.

물론 논쟁은 예나 지금이나, 법정이나 비즈니스의 세계에서 유용한 기술로도 간주된다. 내 어린 시절만 해도 서울 시내 도처에 '웅변학원'이 있었다. 웅변은 해방 이후 정치인으로 입신하기 위한 정치 지망생들이 터득해야 할, 중요한 말의 기술이었음이 분명하다. 여하튼 소크라테스와 그 제자인 플라톤의 철학은 로고스, 즉 대화와 논쟁을 도구적이며 전략적으로 이해한 일단의 전문 지식인들에 대한 비판으로 일관한다. 지금도 시중에 "논쟁에서 이기기 위한 ××가지 방법"이란 책들이 나타났다 사라지는 것을 볼 수 있다. 어쩌겠는가? 그래서 철학의 논쟁은 법정에서 유리한 판결을 이끌어 내거나, 혹은 정치의 영역에서 다중의 지지를 구하기 위한 것이 아니다. '진리'의 추구를 위한 '논쟁'은 오직 권력과 여타의 이해관계로부터 자유로운 존재들만의 특권인 셈이다. 위에서 자유로운 존재라고 말할 때, 자유란 여러 가지 모습으로 등장하는 실용적인 가치들, 출세와 권력, 명성, 사회적 인정, 아니면 단순히 상대방을 압도하려는 의지 등으로부터 해방된 존재의 자유를 가리킨다.

동시에 여기서 자유로운 삶은 '자연인'이 홀로 누리는 자족함과도 구별된다. 자유로움이 숨 쉬는 공간은 나만이 유일하게 존재하는 고독한 산속이나 나만의 생각과 상상력, 혹은 망상이 지배하는 내면의 세계가 아니다. 자유의 공간은 모든 주제에 대해 모든 반론과 회의가 허용되고 혹은 적극적으로 요구되는 이성의 공간이기 때문이다. 이 같은 이성의 공간은 사람들이 어떠한 방식으로 사회적 삶을 살아가는가의 물음으로부터 분리될 수 없다. 만약 절대적인 권력에 의해서 자유와 이성의 공간이 말살되거나 자신이 살고 있는 공동체의 관습이 일종의 억압으로 작용하는 사회에서는 철학이 아예 뿌리내릴 수 없다. 그래서 철학이 고대 그리스의 도시국가에서 태동한 것은 결코 우연이 아니다. 그렇다고 내가 아테네라는 도시국가가 다른 도시국가들에 대해서도 '민주적'인 태도를 보였다고 주장하려는 것은 아니다. 투키디데스의 《펠로폰네소스 전쟁》은 민주주의적인 국가 체제가 타국에 대해서는 제국주의적인 태도를 보일 수 있다는 전형적인 사례를 여실히 증언하고 있다.

철학이 이집트나 바빌론, 아시리아 등이 아닌, 헬레네스들이 용감하게 자신의 의견을 개진하는 아테네에서 태동했음을 유념할 때, 자유 시민들이 왕래하고 소통하는 도시의 의미에 대해 주목하게 된다. 철학은 자유인들이 살아가는 도시의 소산이다. 오늘날도 마찬가지다. 신정정치가 아직도 강요되는 이슬람 국가들이나, 봉건적 공산주의 이념을 신봉하는 중국 등의 전체주의 국가체제하에서 혹 수학이나 기능적인 컴퓨터 과학 등이 발전할 수는 있으나 철학은 불가능하다. 가까운 현대사에 국한하더라도, 과거 소비에트 체제와 같은 전체주의 국가에서 그 어떤 유의미한 철학이 모색될 수 있는가? 관변 이데올로기가 지배적인 사회에서 철학은 황폐해질 수밖에 없다. 사유의 혁명은 오직 용기 있는 소수의 주체들에 의해서 실현된다. 자기 검열이 일상화된 시대의 철학자들에게 가장 긴요하게 요구되는 덕목은 지적인 용기다.

논쟁은 지적인 용기의 문제이기도 하다. 순응주의나, 권위와 권력에 대한 두려움은 자유로운 정신을 마비시키는 독극물이다. 용기가 결여된 자유로운 시민들을 상상할 수 있는가? 여기서 내가 시민이라는 표현을 사용한 것은 나름대로 이유가 있다. 왜냐하면 나는 철학이 자유인들이 시민으로 살아가는 도시의 산물이라는 사실도 확신하기 때문이다. 이 같은 나의 확신을 뒷받침하기 위해서 철학의 모든 역사를 일일이 탐색할 필요조차 없어 보인다. 나는 혈연과 같은 자연적 필연성으로 유지되는 향촌 사회나 소규모의 폐쇄적인 공동체에서 그 어떤 철학이 태동했다는 소식을 접해 보지 못했다.

오늘날 한국이나 세계 도처에서 목격할 수 있는 철학의 또 다른 위기는 천박한 실용주의에서 기인한다. 위선자가 아닌 다음에야 누가 어느 시대를 막론하고 자기 보존의 절대적 요건인 재화와 물질적 조건들의 중요성을 간과할 수 있는가? 그럼에도 불구하고 철학자들마저 실용적인 가치들을 우선시하면서, 시대의 흐름에 순응하거나 굴복함으로써, 사유의 자유로움을 상실하고 체제의 주변부에서 기생하는 경향이 있다. 그러나 이 같은 자기비하의 태도는 어제오늘의 일이 아니다. 특히 철학이 대학이라는 제도권에 흡수되고, 스스로의 유용성을 입증해야만 하는 상황이 지속되면서, 그것은 마치 자본집약적인 산업과 유사한 활동으로 변질되어 갔다.

자신의 쓸모 있음을 강조하기 위해 적지 않은 철학자들은 본질적인 물음보다 자신의 방법론을 과학과 유사한 방식으로 재구성하려고 시도해 왔다. 철학의 과학화는 20세기 이후 지속되고 있는 현상이다. 그 결과 철학은 언어분석이나, 논리적 훈련 이상의 중요한 주제와 대결하기를 기피하거나, 이를 사이비 문제로 폄하하는 데 익숙해져 왔다. 언어분석이나 논리적 사고의 기술로 철학을 제한하려는 실증주의자들의 시도는 전형적으로 과학에 대한 일차원적 반응으로 이해된다. 경험과학의 인상적인 약진은 철학의 내부에 자연주의 대 반자연주의의 대결로 요약되는 거대한 균열을 낳았다. 특히 물리학적 환원주의는 삶과 존재의 의미에 대한 물음을 아예 매장시키고, 아름다움이나 도덕과 같은 가치의 관념은 단지 개인들의 취향이나 선택의 문제로 치부한다. 이는 지식의 객관성이나 진리, 진실성, 정확성, 진정성 등의 모든 진지함을 벗어 버리고 기호들이 광란하는 이미지의 세계로 도피하려는 포스트모더니즘, 문화적 상대주의 등과 같은 부박한 사조들과 맞물려 20세기와 21세기의 시대정신이 황폐해지도록 부추겨 왔다. 오늘날

철학의 무기력함은 현대인들의 정신적 공황 상태와 맞물려 있는 것이다. 더 깊은 어둠이 지속된 후에야 새로운 사유의 서광이 비칠 것인가?

더구나 오랜 유교 문화와 전통 사회의 질서들이 의식의 깊은 곳에 자리하고 이를 재생산하는 교육제도 등에 의해 한국에서의 '철학함'은 자유인들 사이의 논쟁보다는 기존의 학설과 흔히 고전으로 간주되는 텍스트들을 풀어서 설명하고 체득하는, 보수적이거나 심지어 굴종적이라고 할 수도 있는 태도가 지배해 왔다고 해도 과언이 아니다. 설혹 대학의 강의실이나 학회에서 이러저러한 형태의 논쟁과 토론이 있었다 한들, 그것은 대부분 일회성의 행사나 의례적인 절차에 지나지 않았다는 것을 누가 부정할 수 있는가? 그 결과 근대적인 학문으로 철학이 한반도에 제도화된 지 백 년이 지났음에도 불구하고 변변한 학파 하나도 형성되지 못한 상황이 한국 현대 철학의 자화상이다.

황설중, 소병일, 양대종, 권영우 교수는 제각기 그간의 내 작업을 다각도로 비판한 글을—나의 정년을 기회 삼아—발표했고 나는 이제야 이에 대한 응답을 정리해 세상에 내놓게 되었다. 고마운 일이 아닐 수 없다. 2019년 여름 학술 대회 당시에 제시했던 나의 간략한 입장을 이제야 보다 만족스러운 형태로 정리할 수 있게 되어 다행으로 생각한다. 답변을 준비하는 과정에서 자연스럽게 지난 10년 남짓 생각해 온 형이상학적 물음들이 전면에 부각되었다.

누구나 알고 있듯이 영원의 관점에서 생각해 보면 인간의 삶은 그야말로 찰나에 불과하다. 찰나적 존재에는 인간만이 해당되는 것은 아니다. 실상 존재하는 모든 것들이 찰나에 불과하다. 시간 자체의 실재성도 어떠한 물리적 준거(reference)를 전제하는가에 따라서 좌우되기에, 순간이나 찰나, 현재와 같은 표현은 오직 사람들과 일상에서 소통하기 위해 동원되는 개념에 불과하다. 순간은 존재할 수 없는 것들의 존재를 지칭하는 표현에 지나지 않는다. 비유적으로 말하면 지구를 포함한 태양계의 운명은 개별 인간들과 마찬가지로 무에서 무(from nothingness to nothingness)로 전개되는 우주의 한 에피소드에 지나지 않는다. 무(nothingness)는 그 의미의 외연이 확정될 수 있는 개념이나, 자연주의자들이 말하는 양화(quantification)가능한 단위나 수리적 기호가 아니라, 오직 형언할 길 없는 체험을 통해서만 실재하는 것처럼 여겨지기도 한다. 한때 알고 지내던 튀니지의 철학자 모하메드는 나에게 사막을 보지 않고선 무한에 대해 말할 수 없다고 주장함으로써 사막에 대한 나의 동경을 부채질 한 적이 있다. 그런데 무한이나 무의 체험을 위해서 굳이 사막을 찾을 필요는 없어 보인다. 우리 마음속의 상념이나 밤하늘의 별들도 무한에 대한 동경을 불러일으키지 않는가? 형이상학의 물음으로 이끄는 것이 비단 절대적으로 타당한 이론이나 세계의 근거에 대한 사변적인 관심만은 아닐 것이다. 현대의 우주물리학에서 거론하는 우주의 탄생과 소멸에 대한 이야기들은 모든 형태의 철학적 존재론을 무색하게 한다. 그러나 이 같은 서술에 어김없이 등장하는 '무'라는 개념은 확실한 근거나 실체가 있는 개념인가? 그것은 존재와 대척점에 놓여 있는 가상의 사태에 대한 이름에 지나지 않는가? '무의 존재'가 그 자체로 자가당착인 한에서 이는 존재하는 것의 사라짐, 소멸의 과정에 대한 임의의 명칭에 지나지 않는가?

이와 같은 상황에 직면해서 사람들은 두 가지 엇갈린 방향으로 치달린다. 철학자들을 비롯해서 적지 않은 사람들은 존재 자체의 의미에 대한 물음을 제기하고, 그 결과 자신들이 발견했다고 믿고 싶은 그 무언가의 의미를 정당화하기 위한 집요한 노력을 경주해 왔다. 이점에서 철학이나, 종교, 신화 등은 '허무'로부터 도피하기 위한 시도로 이해될 만하다. 허무로부터의 도피는 실존적 차원에서는 권태로부터의 도피로 나타난다. 그래서 사람들은 자신들의 호기심을 충족시키거나 궁극적인 물음이 아예 제기될 필요가 없는 것들에 집착하고, 그것들을 확보하기 위해 모든 노력을 기울인다.

그러나 또 다른 일단의 사람들은 비록 전자보다 소수이기는 하지만, 무 자체를 모든 믿음과 실재하는 사태들이 귀결되는 최종적인 사태로 간주하기도 한다. 의미 자체의 허구성을 확신하는 '허무주의', 즉 니힐리즘(nihilism)을 주장하는 순간 이들은 존재와 무, 의미와 무의미의 구별이 타당하고 이에 대한 소통이 타인들과 성립한다는 전제에 의존하게 된다. 세계에 대한 해석이나 태도가 일단 언어로 표현되고 심지어 '-이즘(-ism)'이라는 형태로 갈무리되는 순간 이미 언어와 의미, 논리 등으로 구성되고 작동하는 '이성의 공간'에 의존하고 있는 것이다.

우리의 여정은 바로 이 지점에서 출발한다. 바로 그것이 존재하거나 전제되지 않으면, 그 어떠한 존재하는 것들이나 믿음들이 성립될 수 없는 '바로 그것', 즉 이 지극히 형식적이고 추상적인 사태가 이 책의 처음과 마지막 에세이의 주제다. '바로 그것'은 그러나 너무도 많은 방식으로 표현되고 논의되어 왔기에 이들은 체계적인 방식으로 정렬하거나 그 어떤 대상이나 실체들로 객관화할 수 없는 그 무엇이다. '영원의 관점하에서(sub specie aeternitatis)' 사물을 관찰하고 이해하는 태도는 자기 제한의 덕목에 충실한 현대 철학의 터부를 위반하는 것인가? 우리의 사유는 오직 이미 항상 주어진 합리성의 지평 안에서만 허용되는가? 이성의 공간(Space of Reasons) 내에서—일정한 언어와 논리의 규칙에 상응하는—물음과 답변의 과정만이 유일하게 허용된 사유의 가능성인가? 이성의 오류 역시 오직 이성의 질서인 언어와 논리의 규칙에 의거한 교정만이 허용되는가?

차례

제3부

'집단본능'으로부터의 해방은 불가능한가?

제4부

왜 기술은 인간의 숙명인가?

제5부

형이상학적 단편들

제1부

절대로부터의 사유

깨어 있는 삶과 철학적 의심 황설중

절대의 파편들 임홍빈

깨어 있는 삶과 철학적 의심

황설중

임홍빈은 "나는 과연 서양 철학자인가?"라는 물음을 일찍이 스스로에게 던진 바 있다. 그는 자신을 '서양 철학자'나 '헤겔주의자'로 분류하는 경향에 대해 답답함을 토로하면서, "나는 어디까지나 '철학자'일 뿐"[1]이라고 밝히고 있다. 이것은 그가 어떤 철학자의 '-주의(-centrims)'를 변호하는 학문적 호위무사이고자 하지 않으며, 자기의 세부 전공 세력권을 공격적으로 방어하는 닫힌 학문적 태도와 결별한 철학적 태도를 가졌음을 극명하게 보여 준다. 그는 철학적으로 접근할 필요가 있는 주제들에 대해서 생산적인 검토를 하는 데 자기 작업의 의의를 찾는다. 그가 수행한 다양하고 깊이 있는 작업 중에서 철학적 회의주의, 곧 피론주의와 관련된 일련의 논문들을 제외하고 그의 지적인

1 임홍빈, 〈나는 과연 서양 철학자인가〉, 《오늘의 동양 사상》(예문동양사상연구원) 제6호(2002), 300.

여정이나 성취를 말한다면, 적어도 내 생각에, 그것은 〈오셀로〉를 읽으면서 하찮은 손수건 때문에 의심의 불길에 휩싸였던 오셀로가 그의 정숙했던 부인 데스데모나를 죽이는 가장 극적이고 재미있는 장면을 건너뛴 꼴이 될 것이다. 임홍빈은 내가 알기로 우리나라에서 거의 사장(死藏)되다시피한 헬레니즘 시대의 피론주의의 철학적 도발성과 문제성을 본격적으로 주제화한 철학자이다. 특히 피론주의와 헤겔 철학과의 관련성을 밝히는 데 선구자적이며 독보적인 역할을 하였다고 생각한다. 나는 그의 문제의식의 영향을 전적으로 받았으며, 그의 작업을 통해 헤겔의 사변 철학을 구체적으로 독해할 수 있는 눈을 얻었다.

피론주의에 대한 임홍빈의 작업은 크게 두 가지 방향에서 이루어졌다. (1) 그는 피론주의에 대해 헤겔이 어떻게 응답하고 있는가를 밝히면서 체계적인 사유의 가능성을 탐색한다. 그에 의하면, 헤겔의 체계적 사유가 오로지 피론주의자들의 논변에 대한, 특히 아그리파의 5가지 트로펜에 대한 체계적 대응이라는 맥락에서 온전히 해명될 수는 없지만, "고대 회의주의의 물음들을 떠나서는 사변적인 헤겔의 철학이 정당하게 이해되기 어려운"[2] 것도 사실이다. 또한 헤겔의 《정신현상학》 전체의 서술도 피론주의에 의해 동기지워져 있으며, "한결같이 [고대] 회의주의의 위협적 존재를 떠나서는 적절하게 이해될 수 없다".[3]

2 임홍빈, 《근대적 이성과 헤겔 철학》(고려대학교 출판부, 1996), 58.

3 임홍빈, 〈헤겔 철학에서 퓌로니즘(Pyrrhonism)과 '정신현상학'의 이념〉, 《철학》(한국철학회) 제62권(2000), 203.

(2) 그는 "서구 철학의 전개 과정에서 인식론적 동기에 의해 굴절되고 변형"[4]된, 피론주의가 갖고 있던 명상적이며 초월적인 차원을 복원하려고 한다. 피론주의자들에게 피론주의는 "이성이나 합리성에 근거한 독단적 믿음을 부정함으로써 궁극적으로 자유로운 삶의 해방을 지향하는"[5] 치유와 지혜의 철학으로서, 이는 근대 철학 이후 피론주의를 이용하려고 했던 교조적 신앙주의나 상대적 인식론으로 환원되거나 동일시될 수 없음을 그는 강조한다. (1)의 작업이 주로 이론적 혹은 인식론적 차원에서 피론주의자들이 제기한 철학적 난제들의 보편성과 심각성을 인정하면서 이와 관련된 대응을 모색하는 가운데 헤겔 사변철학의 동기와 구조를 탐색한 것이라면, (2)의 탐구는 실천적 차원에서 피론주의가 갖고 있는 삶의 형식의 의의를 고찰하는 것이라고 할 수 있다. 특히 (1)의 연구들은 단순히 헤겔 철학의 핵심적인 이념들이나 개념들을 해명하는 데 그치는 것이 아니라, 인식론과 관련해서 끊임없이 논의될 수밖에 없는 보편적인 물음들에 대한 원칙적인 응답의 가능성을 모색한 것으로 나에게는 보인다. 물론 피론주의자들에게 있어 그들의 논변 이론과 삶의 실천적 태도가 불가분의 관계에 있는 것처럼, 임홍빈의 (1)과 (2)의 연구들은 연계되어 있다.

4 Hong-Bin Lim, 〈Die Implikationen der Skeptischen Kultur — Reflexion über die pyrrhonische Tradition〉, 《철학연구》(고려대학교 철학연구소) 제25권(2002), 274.

5 임홍빈, 〈삶의 형식으로서의 퓌론주의(Pyrrhonism)와 그 인식론적 변형〉, 《철학논총》(새한철학회) 제31집(2003), 160.

(1) 고대 피론주의자들 가운데서도 가장 막강한 위력을 자랑한 것은, 그래서 헤겔도 철학의 가장 두려운 적이라고 말했던 것은 아그리파의 5가지 트로펜이다. 그것들은 ① 철학적 의견들의 상이성의 논변 형식 ② 무한 진행의 논변 형식 ③ 독단적인 전제 설정의 논변 형식 ④ 순환의 논변 형식 ⑤ 상대성의 논변 형식이다. 이 논변 형식들은 매우 긴밀한 연관 관계를 맺고 있으며, 이에 대응하려는 헤겔의 사변철학의 여러 이념들과 개념들도 마찬가지로 그렇다. 여기에서 임홍빈이 섬세하게 서술하고 있는 헤겔의 사변철학의 대응책을 일일이 소개할 수는 없으나, 그는 아그리파의 트로펜에 대한 헤겔 사변철학의 핵심적인 대응이 '자기 관계적 부정성', '제한적 부정', '정신의 자기 구별화 과정', '지성과 이성의 구별', '원환의 원환', '전체성'에 있음을 명확히 하고 있다. 무엇보다 자기 관계적 부정성은 특기할 만하다. 왜냐하면《논리학의 학》전체의 서술에서 형식적인 구조의 원칙으로 자리 잡은 자기 관계적 부정성에는 아그리파의 트로펜을 무력화하는, 혹은 지양하는 헤겔 사변철학의 주축적인 방법적 이념이 들어 있기 때문이다. "(…) 자기 관계적 부정성은 따라서 자체 내에 부정성을 포함하면서, 자기 관계의 구성을 위한 자기 자신의 부정을 의미하기에 어떤 타자(das Andere)의 부정이 아닌 자기의 타자(sein Anderes)로부터의 부정이며, 그러므로 여기서의 자기 부정은 곧 자기동일성을 뜻하게 된다."[6]

6 임홍빈, 《근대적 이성과 헤겔 철학》, 107.

피론주의자들이 "진리를 발견했다"고 단언하는 독단주의자들을 물리치기 위해 고안한 방법이 바로 '등치(isostheneia)'이다. 그들은 어떤 독단주의자가 P(a)를 진리로 제시하면 그것과 동등한 비중을 갖고 맞서는 P(b)를 제시함으로써, 즉 일면적인 규정에 대하여 일면적인 규정을 맞세워 상충하는 갈등 상황을 고의적으로 연출해 냄으로써 어떤 것이 참/거짓인지, 선/악인지 판단을 유보하게끔 만드는 전략을 취하였다. 이 등치의 방법이 없다면 피론주의는 성립할 수 없기에 섹스투스 엠피리쿠스는 "회의주의를 구성하는 기본 원칙은 모든 논의(logos)에는 그것과 동등한 논의가 대립한다는 것"[7]임을 누차 강조하였던 것이다. 그런데 헤겔은 타자가 타자와 일대일로 맞서는 갈등 상황이란 이것이냐/저것이냐의 양자택일적인 선택지만을 고려하는 지성에서만 성립하는 것일 뿐, 그의 사변철학에서는 자기 관계적 부정성에 의해 타자란 이미 항상 자기의 타자로 정립되기 때문에 원리적으로 아그리파의 트로펜에 걸리지 않는다고 주장하는 것이다. 청년 헤겔은 아그리파의 트로펜에서 벗어날 수 있는 가장 핵심적인 사상을 다음과 같이 표현하고 있다: "순수하게 부등한 것이란 지성에게만 존재하며, 모든 부등한 것은 이성에 의해 하나[의 동일한 것으]로 정립된다. (…) 이성적인 것은 반대를 지니지 않기 때문에 서로 반대되는 유한한 것들 양자를 자기 내에 포함한다."[8] 그래서 피론주의는 P(a)와 P(b) 중 하나만을 진리로 간주

7 Sextus Empiricus, *Outlines of Pyrrhonism*(이하 *PH*), trans. by R. G. Bury(Cambridge, MA: Harvard University Press, 1933), 1.12.

하는 지성 철학에서는 무소불위의 위력을 발휘하지만, P(a)와 P(b)를 모두 전체적이며 체계적인 사유의 계기로 삼는 사변철학에서는 더 이상 힘을 쓸 수 없다는 것이다.

사변철학의 이런 특성은 P(a)와 P(b)를 진리로 확립하게 되면 그것은 자기의 독단성으로 인해 자기 파멸을 맛보지 않을 수 없다는, 저 아그리파의 논변이 전개한 바 있는 모든 철학의 상대성이나 무용성에 대한 응답을 함축하고 있는 것이기도 하다.《정신현상학》에서 의식의 진행을 선도하는 방법적 이념으로써 그것 자체가 "절대적 부정성의 구조적인 원칙을 전제하고"[9] 있는 '제한적 부정'은 특정 철학들의 출현 과정을 그것들이 지니는 내재적인 자기 한계에 기대 서술하고 그럼으로써 좀 더 구체적이며, 완성된 이론의 등장을 결과로 산출한다. 이런 유한한 것들의 자기 부정의 필연성은 p > q > r > s > p의 순서로 진행되는 체계와 -p > -s > -r > -q > -p의 순서로 진행되는 철학의 체계의 상이성의 논변 형식(diaphonia)의 물음을 해결하는 것이기도 하다. 즉 그것들이 내재적인 진행의 긴밀한 연관성을 통해 단일한 이념의 계기로서 파악될 때, 달리 말해서 "이러한 사유의 전개 과정이 지니는 필연성이 자기반성적인 형식으로 인식될 때, 최소한 원칙적인 차원에

8 Georg W. F. Hegel, *Verhältnis des Skeptizismus zur Philosophie. Darstellung seiner verschiedenen Modifikationen und Vergleichung des neuesten mit dem alten*, in *Theorie Werkausgabe*(이하 *TW*) *2* in zwanzig Bänden, Redaktion von Eva Moldenhauer & Karl M. Michel(Frankfurt am Main: Suhrkamp Verlag, 1986), 246-247.

9 임홍빈,《근대적 이성과 헤겔 철학》, 113.

서의 철학의 이념은 완성된다".[10]

사변철학의 여러 이념들, 개념들과 그 구체적인 서술들은 아그리파의 트로펜을 원리적으로 해결하였다고 헤겔은 생각하였다. (칸트에 의하면 회의주의자들은 독단주의자들의 영토를 유린하는 약탈자들이지만, 헤겔의 입장에서는 휩쓸이 비린 회의주의자들의 그 영토마서 사변철학의 왕국의 한 부분이다.) 섹스투스 엠피리쿠스는 피론주의자가 부딪칠 난감한 상황을 예견했던 것 같다. 그러면서도 그는 주눅들 필요가 없음을 다음과 같이 말하고 있다: "예컨대, 어떤 이가 우리가 논박할 수 없는 이론을 제기했을 경우, 우리는 그에게 다음과 같이 응답한다. '당신이 속한 학파의 창시자가 태어나기 전에는, 지금 의심할 바 없이 건전한 당신 학파의 논변도 비록 그것이 실제로 존재했었음에도 불구하고 아직 분명하게 나타나지 않았습니다. 이와 마찬가지로 당신이 지금 제기한 이론과 반대되는 이론이 이미 실제로 실재하지만 아직 우리에게 분명히 드러나지 않았을 가능성도 존재합니다. 따라서 우리는 바로 지금 강력한 것으로 여겨지는 이 논변에 동의해서는 안 됩니다.'"[11]

칸트는 흄의 회의주의뿐만 아니라 피론주의에 대한 해결책을 모색하였고, 특히 이율배반론에 피론주의의 난제를 풀 수 있는 열쇠가 있다고 믿었다. 그러나 포스터는 섹스투스 엠피리쿠스가 칸트 앞에서도 별로 동요하지 않았을 것이라고 추측하면서, 칸트에게 피론주의자의

---

10 위의 책, 57.

11 Sextus Empiricus, *PH* 1.33-34. 이외에 1.169, 1.178도 참조.

복수를 대행해 준 인물로 헤겔을 들고 있다.[12] 마찬가지로 헤겔의 사변 철학을 보고도 섹스투스 엠피리쿠스는 당황하지 않았을 것이고, 자신을 대신해서 피론주의자의 복수를 대행해 줄 인물을 찾았을 것이다.

가령 니체는 인간의 몸과 이성, 정신, 주체의 관계에 대해 근본적인 새로운 철학을 제시한다. 그에 의하면, 전통적인 형이상학의 실체는 물론이고 정신, 자아(Ich), 주체란 다 거짓이다. "'정신'도 없고, 이성이나 사유나 영혼도 없으며, 의지도 없고, 진리도 없다. 모두가 다 소용없는 허구들이다."[13] 니체의 이런 선언은 단순히 인식론의 차원에서 고대 피론주의자의 입장을 되풀이한 것이 아니다. 그에 의하면 고대 피론주의도 "데카당스로서의 철학"[14]에 불과하다. 그는—헤겔도 당연히 포함될 텐데—자기 이전의 철학자들이 사유나 반성의 주체로서 설정한 정신이나 이성, 혹은 의식의 자율성이나 독립성을 '작은 이성'으로 격하시킨다. 이런 작은 이성을 조종하고 그렇게 생각하도록 만드는 '커다란 이성', 그것은 자기(Selbst)이며 몸(Leib)이다. 그것은 이성을 비로소 특정 방향으로 작동하게 만들면서도 "이론적 활동이나 언어적 상징체계에 의존하는 인식의 효용성 등에 그 자체로서 의식과 반성의 대

12 Michael N. Forster, *Kant and Skepticism*(Princeton University Press, 2008), 76 이하 참조.

13 Friedrich Nietzsche, *Nachgelassene Fragmente* 1887–1889, 14[122], in *Sämtliche Werke – Kritische Studienausgabe*(이하 *KSA*) 13 in 15 Bänden, hrsg. von G. Colli und M. Nontinari(München/Berlin/New York: Deutscher Taschenbuch Verlag GmbH & Co, 1988), 302.

14 위의 책, 14[99], 276.

상이 될 수 없었던 체화(Einverleibung)의 과정이 선행한다는 것을 가리킨다".[15] 우리의 경험을 이해하는 가능성의 조건으로서 설정했던 이성은 니체가 말하는 몸 철학에서는 오히려 이런 이성의 활동을 이미 항상 조건 지우거나 이해할 수 있게 만드는 '선이성적 선험성'의 지평 속에서 자리매김된다.[16] 임홍빈도 지적하고 있는 대로 "몸-이성의 역사성은 헤겔 철학의 경우에서처럼 극적이며 목적론적인—이같이 말할 수 있는 것은 유한한 정신의 대립과 갈등 구조, 즉 내재적 부정성에 의해 정신의 경험이 축적되고 고양되기 때문이다—방식으로 설명되지 않는다".[17]

니체는 자신이 새로운 철학의 길을 내었으며, '몸'이라는 해머를 들고 서구의 철학 전체를 내려 쳤다고 생각하였다. "의식을 그 영역 아래서 형태 없이 살아 움직이는 충동이 움직이는 표층으로"[18] 여기는 니체에게 모든 철학이 그렇듯이 헤겔의 사변철학도 몸의 놀이와 투쟁에 대한 기호의 하나일 뿐이다. 여러 가지 해석과 평가가 가능하겠지만—도대체 니체 철학에서 허용되지 못할 것이 무엇이겠는가!—그가 헤겔의 사변철학으로는 포섭하기 곤란한, 즉 정신의 필연적인 자기 구별 과정으로는 서술되거나 파악될 수 없는 매우 비규칙적이고 비정

15 임홍빈, 〈몸과 이성, 자아—《차라투스트라는 이렇게 말했다》의 한 해석〉, 《니체연구》(한국니체학회) 제10집(2006), 191-192.

16 백승영, 《니체, 디오니소스적 긍정의 철학》(책세상, 2005), 425 참조.

17 임홍빈, 〈몸과 이성, 자아—《차라투스트라는 이렇게 말했다》의 한 해석〉, 189-190.

18 김정현, 《니체의 몸 철학》(지성의 샘, 1995), 173.

형적인 개체화된 몸의 체험의 세계를 열어젖힌 것이 아닐까? 내 생각에, 섹스투스 엠피리쿠스는 헤겔의 사변철학 앞에 니체의 몸 철학을 맞세우는 등치의 방법을 구사함으로써 우리에게 판단 유보를 촉구할 것 같다. 헤겔의 사변철학이 과연 아그리파의 트로펜을 해결했다고 볼 수 있는가? 아니라면 철학은 끊임없이 디아포니아의 반복적인 역사를 되풀이해야 하는 것을 인정해야 하는 것인가?

(2) 임홍빈은 디터 헨리히의 형이상학의 작업을 바탕으로 '깨어 있는 삶'에 관한 논의를 전개한다. 그에 의하면 "사변적인 사유의 정당성에 대한 물음 자체가 깨어 있는 삶의 근거를 구성"[19]한다. 깨어 있는 삶을 사변적인 사유나 혹은 '종결의 형이상학'에 근거하는 것으로 봄으로써, 임홍빈에게 회의주의자들이란 깨어 있는 삶을 촉진하는 데에 별 쓸모가 없거나 제한적인 기여만을 하는 것으로 비춰진다. "회의주의자들처럼 철학을 자기부정의 무질서한 연속으로만 간주할 경우, 우리는 결국 왜, 어떠한 근거에서 사변적인 사유가 생성되었으며, 또한 사변적인 사유와 관련되는 개념의 형식은 어떠한 체계적인 가능성을 지니는가에 대해서 물음을 제기할 수 없게"[20] 되기 때문이다.

내가 제대로 이해했다면, 임홍빈은 "삶의 세계로부터 초월하는 데 있는 것이 아니라, 삶과 인식의 구명에 있어서 동원되는, 다양하며

19 임홍빈, 《근대적 이성과 헤겔 철학》, 237.

20 위의 책, 233.

동시에 서로 상충되는 이해의 양식들 간의 연관성을 규명하고, 그 근거를 밝히는", "세계 인식의 통합적인 통일성(die integrative Einheit)을 지향하는"[21] 깨어 있는 삶의 형이상학을 기획하고 있는 것처럼 보인다. 상이하며 때로는 상충하는 경험들에 대한 깨어 있는 반성이 전일적인 세계로의 귀결을 이끌며, 이런 전일성의 세계가 단순히 우연이나 자의에서 비롯되는 것이 아니라 유한하거나 모순적인 일상적인 세계 이해로부터 필연적으로 진행되는 연속적인 과정의 결과라고 주장할 때, 나는 어디선가 본 것 같은 기시감(deja vu)을 갖게 된다. 즉 아그리파의 트로펜을 극복하는 데서 보았던 헤겔의 사변철학이 상기되는 것이다. 물론 임홍빈이 여기에서 추구하고 있는 깨어 있는 형이상학은 단순히 지식론에 한정되는 것이 아니라, 의식적이며 자기반성적인 삶이 뿌리를 내리고 있는, 우리에게 직접적으로 밀착되어 있는 제일차적인 세계의 회귀를 지향하는 것이다. 그의 '깨어 있는 형이상학'은 깨어 있는 삶의 실천과 관련된, 현실적인 경험 세계에 대한 깨어 있는 반성적인 삶의 가능성을 담지하고 있는, 세계 인식의 통합적인 통일성을 추구하는 사변적 사유이다.

그러나 '깨어 있는 형이상학'의 '자기 구성과 자기 조직을 가능케 하는 개념 형식의 구축'이 비록 역동적인 체계성을 담지한다 하더라도, 또 그것이 우리들의 삶의 세계와 인식의 세계에 대한 통합적인

21 위의 책, 222.

이해를 지향한다 하더라도, 그것이 '전일성으로서의 통합적 통일성의 이념과 개념'[22]을 추구하는 한, 헤겔의 사변철학이 받았던 비판에서 면죄될 가능성은 적어 보인다. 사태 전체를 체계적이며 통일적으로 이해하려는 헤겔의 시도는 — 때로는 과장과 왜곡이 뒤섞이기도 했지만 — 인간의 살아 있는 삶을 질식시키거나 인류의 비극을 방조하고 나아가 장려하는 기제로 평가받았다. 형이상학 일반을 공격한 니체를 생각해 보자. 그는 형이상학을 검토해서 그것의 부당성을 공격한 것이 아니라, 형이상학을 제시한 형이상학자의 내적인 동기나 저의(底意)를 조준하였다. 또한 데리다에 의하면, 사변철학은 피론주의자들이 다다른 곳, 즉 완전한 무(無)나 부정을 인정하지 않고, 언제나 '제한적 부정'에 의해 생산적인 결과를 낳은 것에 집착했기 때문에 우리 삶에서 웃음과 축제가 사라져 버렸다.[23] 아마도 이런 전체의 형이상학에 대해 가장 뼈아픈 지적을 한 철학자는 아우슈비츠에서 온 가족을 잃은 레비나스일 것이다. 그는 헤겔을 특정하면서 다음과 같이 언급하고 있다: "헤겔에게서 정점에 이르는 서양철학이 모두 그렇다. 헤겔은 철학 그 자체의 정점이라고 해도 무리가 아니다. 어떻든 영의 차원이든 분별력의 차원이든 모두 앎으로 해결하려고 한 서양철학 속에서는 어디서나 전체성의 항수를 볼 수 있다. 전체성이 사라지기라도 한다면 그것이 곧 죄인

22 위의 책, 236.

23 Jacques Derrida, *Writing and Difference*, trans. by Allan Bass(Routeldege & Kegan Paul Ltd, 1981), 251-277 참조.

것처럼 말이다. 현실의 전체를 봐야 진리를 찾았다고 생각했으며 만족감을 느꼈다."[24] 현실적 삶과 인식을 통합적으로 이해하려는 시도는 레비나스의 경험에 비춰볼 때는 가난한 자들과 소외받은 자들을 고려하는 윤리적 실천을 도모하기는커녕 오히려 외면하게 만든 이론적 동력이었다.

헤겔에게 쏟아진 이런 종류의 비판은 이제는 식상할 정도로 상투적인 것이 되어 버린 듯하다. 이것들은 헤겔 철학을, 혹은 인간의 삶 전체를 이해하려는 철학적인 사유 자체를 부당하게 야유하고 단순화하고 있는 측면이 있다. 그러나 이것이 그들의 이야기를 흘려들어도 좋을 만한 이유가 되지는 못한다. 이런 비판이 집요하게 되풀이되는 데는 그럴 만한 연유가 있다. 예컨대 노예해방에 직접적이고도 가장 커다란 영향을 미친 것은 칸트의 《실천이성비판》이 아니라 해리엇 비처 스토의 《톰 아저씨의 오두막》이었다는 로티의 재서술의 철학과, 가난한 과부, 고아, 나그네, 이방인을 환대하는 법을 배우는 것은 사변적인 사유에 의해서가 아니라 그들의 얼굴에서 "아무런 이유 없이 그들을 도우라"는 명령을 읽어 내는 감수성의 증진에 의해서라는 레비나스의 윤리의 철학은 '종결의 형이상학'을 지향하는 사변적인 사유의 제한적인 유통성이나 나아가 오용의 가능성을 시사해 주는 것이 아닐까? 임홍빈에 따르면, 형이상학의 철학적인 사유 자체의 포기란 있을 수 없다. "우

24 에마뉘엘 레비나스, 《윤리와 무한》, 양명수 옮김(다산글방, 2000), 164.

리는 형이상학의 물음들에 대한 포기가, 결과적으로 사유와 실천의 다양한 양식들 간에 존재하는 충돌이나 갈등을 외면할 때만 가능함을 인정하게"[25] 되기 때문이다. 그러나 형이상학의 물음을 폐기했다고 해서 사유와 실천에서 존재하고 나타날 수 있는 충돌이나 갈등을 외면하는 것은 아닐 것이다. 총체적 사유나 거대 서사가 의심받고 각광받지 못하는 듯이 보이는 이 시대적 조류에 '종결의 형이상학'이 줄 수 있는 미덕은 어떤 것인가?

(3) 임홍빈에 의하면 서양 철학이 전개되면서 피론주의는 그것이 갖고 있던 명상적이며 종교적인 차원을 상실하게 되었다. "특히 데카르트 이후 본격적으로 지식의 궁극적 토대에 대한 인식론적 관심이 지배하면서 퓌론적[피론적] 회의는 그 본래의 치유적 관점이나 실천철학적 맥락으로부터 추상된다."[26] 그의 지적대로 피론주의는 "지식의 본질은 무엇인가?" "어떻게 우리는 더 이상 의심할 수 없는 확실한 지식을 획득할 수 있는가?" 하는 근대 인식론의 주된 문제의식 속으로 편입되고 전용되었다. 그래서 샤흐트의 표현을 빌리면, 근대 철학자들도 윤리학에 관한 저서를 썼지만 "그 저서들 속에서 그들이 취급하는 문제들은 (…) 우리와 관련된 세계는 무엇이며, 세계에 대한 우리의 지식은 무엇이고, 우리가 무엇인가에 대해 생각할 수 있는 경우에만 생겨나

25 임홍빈, 《근대적 이성과 헤겔 철학》, 238.

26 임홍빈, 〈삶의 형식으로서의 퓌론주의(Pyrrhonism)와 그 인식론적 변형〉, 151.

는 문제들"[27]이었다. 요컨대 서구 철학사에서 피론주의가 가지고 있었던 실천적 차원, "즉 영혼의 해방을 지향하는 퓌론적[피론적] 초합리성(transrationality)의 차원은 제거되거나, 최소한 로고스 중심의 체계 지향적 철학에 의해서 지양"[28]되었다.

피론주의자들은 트로펜에 의한 판단 유보를 통해 아타락시아에 도달하고자 하였다. 그들은 "이성의 내재적 한계에 대한 통찰을 통해서 해방된 삶을 구현"[29]하고자 하였다. 지식의 정립 불가능성을 다양한 트로펜을 통해 보여줌으로써 그들은 모든 번민과 불안에서 벗어나 잔잔한 마음의 평정에 도달할 수 있으리라고 희망하였다. 아타락시아의 경지가 어떤 것인지는 다음의 피론의 일화에서 유추할 수 있다: "항해 중에 그와 함께 배를 탄 자들이 폭풍으로 인해 겁에 질려 있을 때, 그 자신은 침착하면서도 단호함을 유지한 채, 이에 아랑곳하지 않고 갑판 위에서 게걸스럽게 음식을 먹고 있는 새끼 돼지를 가리키며 저 돼지의 평정 상태야말로 지혜로운 사람이 유지하지 않으면 안 되는 것이라고 말하였다."[30]

피론주의자들이 목표로 삼는 아타락시아는 어떤 규정된 방법론이나 확립된 이론에 의해 달성될 수 있는 것이 아니라, 판단 유보에 의

27 리처드 샤하트, 《근대철학사—데카르트에서 칸트까지》, 정영기·최희봉 옮김(서광사, 1993), 18.

28 임홍빈, 〈삶의 형식으로서의 퓌론주의(Pyrrhonism)와 그 인식론적 변형〉, 159.

29 위의 글, 158.

30 Diogenes Laertius, *Lives of Eminent Philosophers*, trans. by R. D. Hicks (Harvard University Press, 1925), 9.68.

해 예기치 않게 성취된다. 즉 판단 유보는 아타락시아의 충분조건이 아니라 필요조건이다. 그리고 판단 유보는 트로펜에 의해 온갖 종류의 독단적 믿음을 파괴한 결과이다. 결국 "퓌론적[피론적] 회의주의의 관건은 합리성이나 이성 자체를 부정한다기보다 이성이나 합리성에 근거한 독단적 믿음을 부정함으로써 궁극적으로 자유로운 삶의 해방을 지향하는 데"[31] 있다. 임홍빈은 피론주의의 핵심이 합리성과 대척점에 있는 비합리성에 있는 것으로 보아서는 안 되며, 영혼의 해방을 추구하는, 삶의 초월적이며 명상적이며 치유적인 차원에 있음을 강조한다. "즉 퓌론적[피론적] 회의는 명상적 전통과의 연계 속에서 실천적 합리성의 차원이 아닌, 초합리성의 차원에 대한 경험에 근거하는 영혼의 치유를 지향한다."[32] 그렇지만 이런 지혜의 문화는 이후 서구 철학의 합리화나 인식론의 편중화로 인해 굴절되고 소실되고 말았다.

피론주의가 가지고 있던 영혼의 치유, "명상적이며 종교적인 차원으로 지향하려는 경향"[33]에 주목한 임홍빈의 작업은 이후 철학사를 거치면서 피론주의에서 좀처럼 간취될 수 없었던 고유한 실천철학적 특성이나 의의를 부각시키고 있다. 그러나 다른 한편으로, 내가 볼 때, 이런 초합리성에 대한 철학적 의의는 피론주의가 가지고 있었던 수동적인 삶의 태도를 미화할 가능성을 갖고 있다. 잘 알다시피, 피론주의

---

31 임홍빈, 〈삶의 형식으로서의 퓌론주의(Pyrrhonism)와 그 인식론적 변형〉, 160.

32 위의 글, 165.

33 위의 글, 161.

자들은 판단 유보를 주창하였으며, 그랬기에 헬레니즘 당대에 스토아 학파로부터 벌써 '행위 불가능성(apraxia)'의 공격적 물음에 시달렸다. 판단을 유보한다면서 어떻게 삶을 영위할 것인가? 섹스투스 엠피리쿠스가 준 대답은 현상(phainomenon)에 그냥 따르는 것이었다: "우리는 지금부터 행동 기준에 대해 논의하고자 한다. 우리는 회의주의의 길의 기준이 현상이라고 말하는데, 이 명칭은 실질적으로 인상을 의미한다. 왜냐하면 이것은 수동적인 여러 느낌(pathos)이나 자발적이지 않은 자극의 수용에 의존하는 것이므로 결코 의문이나 탐구의 대상이 아니기 때문이다."[34] 그저 현상을 추수함으로써 피론주의자들은 선/악에 대한 판단을 보류하면서 살아갈 수 있다고 여겼다. 즉 이들이 내세운 삶의 형식은 철저하게 자율적인 판단이나 의지가 결여된 수동성에 기반한 것이었다. 이런 삶을 영위함으로써 피론주의자들은 어떤 것을 추구하거나 기피하지 않으면서, 감정을 순화하고 마음의 평정을 누릴 수 있다고 믿었다.

이런 삶이 과연 가능한가의 문제는 차치하고, 내가 말하고 싶은 바는 피론주의에서 '초합리성'과 '수동성'은 긴밀하게 얽혀 있는 것처럼 보인다는 것이다. 그것들은 동전의 양면을 이루고 있다. 피론주의에서 명상적 차원과 방관적 차원은 분리할 수 없는 것임에도 임홍빈은 피론주의자들의 실천적 태도에 일방적으로 우호적인 평가를 내리고 있

34 Sextus Empiricus, *PH* 1.23. 1.193도 참조.

는 것은 아닌가? 이 지점에서 헤겔이 《정신현상학》에서 피론주의자들의 삶의 양식이 분열적이라고 비판한 대목은 음미해 볼 만하다: "이 의식은 **한편으로는** 그 자신의 자유가 온갖 혼란과 우연에 휘말려 있는 삶의 현장을 초탈해 있음을 인식하면서 **다른 한편으로는** 전혀 **대수롭지 않은 일**에 매몰되어 그곳에서 허우적거리고 있음을 자인한다."[35] 니체가 피론주의자들을 보는 시각도 거의 유사한 맥락에서 비판적이다. 니체가 보기에 피론주의자들의 삶의 특성은 "지쳐 있다"[36]는 것이다. 그들은 기진맥진해져서 다른 사람들이 믿는 것을 그냥 따라간다. 자신의 삶에 대한 긍지를 잃어버린 자, 뭇사람들의 판단에 자신의 삶의 기준을 위임한 자, 살아 있는 것도 아니요 죽어 있는 것도 아닌, 피곤에 쩌든 자, 한마디로 "허무주의자"[37]이다. 피론주의자들에게 있어 명상적 차원과—그냥 현상을 수동적으로 따르는—보수적인 차원은 분리 가능한가?

임홍빈은 깨어 있는 삶과 '종결의 형이상학'을 논하면서 사변적인 사유의 정당성을 주장한 바 있다. 거기에서 회의주의는 "철학을 자기부정의 무질서한 연속으로만 간주"함으로써 사변적인 사유의 생성과 개념의 형식에 대한 체계적인 사유의 물음을 아예 제기할 수 없게 만드는 저해 요소로 간주되었다. 깨어 있는 삶의 실천은 서로 상충하

---

35 Georg W. F. Hegel, *Phänomenologie des Geistes*, *TW* 3(1986), 162.

36 Friedrich Nietzsche, *Nachgelassene Fragmente* 1887–1889, 14[99], in *KSA 13*, 277.

37 위의 책, 14[100], 276.

는 경험들을 통일적으로 이해할 수 있는 사변적 사유에 의해서만 가능하기 때문이다. 다른 한편 임홍빈은 피론주의의 초합리성을 평가하는 가운데 다음과 같이 주장하기도 한다: "지혜의 문화에서는 통합적이며 전일적(holistic)인 사유가 추구될 뿐만 아니라, 나아가서 인간적인 인식의 궁극적 한계에 대한 직관과 경험을 중시하는데, 퓌론주의적[피론주의적] 초합리성이 지향하는 바도 이와 크게 다르지 않다."[38] 피론주의자들의 논변을 체계적이고 정합적으로 이해할 경우, 그들의 결론은 "이것도 아닌 만큼 저것도 아니다"이며, 결국 모든 것의 무화(無化)이다. 그리고 그들은 이런 무화를 통해 초합리성의 세계로 진입한다. '종결의 형이상학'은 피론주의의 이런 초합리적 차원을 배제하는 것인가? 만약 깨어 있는 삶의 형이상학이 피론주의를 수용할 수 있다면, 피론주의의 역할은 무엇일까?

---

38 임홍빈, 〈삶의 형식으로서의 퓌론주의(Pyrrhonism)와 그 인식론적 변형〉, 164.

절대의 파편들
왜 피론주의인가?

임홍빈

황설중의 질문과 관련해서, 나는 먼저 1) 피론주의의 의의를 서술한 후, 2) 이 고대의 회의주의에 대한 이론적인 대응의 방식들을 논할 예정인데, 여기에는 3) 선험주의와, 4) 무한 소급의 아포리아, 5) 자연주의 등이 해당된다. 그리고 마지막으로 6) '절대의 파편들'이란 생각을 토대로 헤겔적 사유의 한계에 대해 간략하게 언급할 것이다. 이 글이 논평에 대한 응답인 한에서 모든 내용은 지극히 축약된 형태로 서술되었다. 또한 대부분의 철학적 주제들이 그러한 것처럼, 이 글은 불가피하게 형이상학적인 성격의 물음들로 확장된다. 다만 이론으로서의 철학의 정체성과 관련된 이 복잡한 문제와 관련해서 우리가 어느 지점에 놓여 있는지 막연하게나마 파악할 수 있다면 다행일 것이다.

1 왜 피론주의인가?

그런데 '피론주의(Pyrrhonism)'는 필연적으로 극복, 지양되어야 할 철학적 입장인가? 독단적 전제와 순환 논변, 그리고 무한 소급이라는 상호 연관된 삼중의 아포리아, 즉 트릴레마(Trilemma)는 철학이라는 이름의 모든 주장을 논파할 수 있는 만능의 도구가 아니다. 물론 피론주의 자체는 교조적 신앙이나 독단주의를 해체하는 과정에서 강력한 무기로 사용될 수 있음에도 불구하고, 자가당착의 오류를 범하지 않는 한에서 하나의 독립적인 이론이나 학설로 정립될 수는 없다. 더구나 사람들의 모든 믿음이나 철학적 입장이 피론주의의 아포리아에 직면하지도 않는다. 내가 나임을 믿기 위해서 이 믿음을 정당화해 주는 또 다른 믿음이 필요하다는 주장은 무의미할 뿐이다. 내가 무언가를 알고 있다고 해서, 나의 지식이 타당하다고 정당화해 주는 또 다른 지식이 요구되고, 나의 믿음에 대해 확신할 수 있는 또 다른 믿음이 요구된다는 무한 소급의 논변은 무의미한 망상에 불과하다. 피론주의의 한 논변인 무한 소급이 무차별적으로 적용될 수 없다는 것이다. 또한 한 이론의 단초가 되는 모든 전제들이 독단적이라는 누명을 쓸 필요도 없으며, 도대체 '독단적'이라는 표현 자체를 사용할 수 있는 권리가 피론주의자들에게 왜, 어떠한 근거에서 주어질 수 있는지도 불분명하다. 더구나 우리가 알고 있는 지식이나 믿음이 추론이나 연역적 논변의 질서에 의해서 그 처음과 끝이 분명히 밝혀져야만, 그 지식이나 믿음을 신뢰할 수 있다는 주장도 설득력이 없다. 모든 이론이 항상 연역적 추론에 의해 구성되어 있지도 않을 뿐만 아니라, 세상의 쓸모 있는 지식은 수많은 믿음과 지식들이 일시적으로 상호 조율된 결과일 수 있으며, 이 모든 지식들의 연결망을 남김없이 분해하고, 그 정당성을 피론주의자들이 만족할 만한 정도로 입증한다는 것은 불가능할 뿐만 아니라, 무의미하기 때문이다.

따라서 논평자가 아그리파의 트릴레마를 통해서 언급한 대로 피론주의의 논변은 오직 체계적이며 통합적인 세계 해석을 추구하는 경우에 한하여 심각한 도전으로 부각될 수 있다. 체계로서의 철학을 추구한 헤겔의 경우, 피론주의는 탁월한 대화의 상대가 될 수 있다. 칸트 역시 피론주의나 회의주의를 일종의 유목민(nomad)으로 비유하는데, 지식의 흔들리지 않는 토대를 이성의 질서에 근거해서 구축하려 한 그에게도 피론주의는 심각한 도전으로 받아들여졌음이 분명하다.

한편 위에서 언급한 내용들을 감안할 때 '피론주의'란 명칭보다는 '피론적 논변'이란 표현이 더 적절하다고 볼 수 있다. 회의주의적 논변은 스스로의 보편성을 주장하는 순간, 그것은 자가당착에 직면할 수밖에 없는 데, 피론주의 역시 마찬가지 운명을 피할 수 없는 것이다. 그것은 마치 유목민의 삶의 방식을 포기하고 자신의 삶을 일정한 지역에 고착시키고 뿌리내리는 정착민으로서 살아가기를 결심하는 것과 마찬가지이기 때문이다. 유목민의 삶은 항상 변화무쌍하고 긴장과 현기증이 수반되는 불확실성의 세계에 노출되어 있다. 언젠가 미국 철학자

포겔린(Robert Fogelin)은 피론주의자의 삶이 '이성의 줄타기 곡예(Walking the Tightrope of Reason)'와 같다고 말했는데, 이는 적절한 비유다. 동등한 힘을 지니고 상호 대립하는 입장들 사이의 균형(equipollence)을 유지해야 하는 상황은 칸트의《순수이성비판》의 후반부에서 신과 자유, 영혼의 정체성과 같은 형이상학적 주제들과 관련해서도 반복된다.

2 피론주의의 논변에 대한 대응의 방식들

위에서 체계로서의 철학과 피론주의의 대립에 대해 언급했지만, 여기에 추가적으로 고려해야 할 사항이 있는데, 그것은 내가 알기에 독일 관념론자들이 놓인 당대의 시대정신과 무관하지 않다. 왜냐하면 무한 소급과 독단적 전제, 순환 논변의 촘촘한 사슬로 구성된 삼중의 트릴레마는 단순히 철학을 하나의 이론으로 체계화하는 단계를 넘어서, 일종의 '절대 이론', 즉 총체성의 이론을 추구할 경우, 더욱더 심각한 도전으로 간주되기 때문이다. 학문의 체계성을 보장해 주는 원리들을 정당화하려고 시도할 때 예상되는 반론은 고대로부터 현대 철학에 이르기까지 잘 알려져 있다. 여기서 원리는 무엇을 의미하는가? 원리는 그것에 근거해서 다른 대상들이나 믿음, 지식 등이 설명되지만 그 자체는 다른 무엇에 의해서 설명될 수 없는, 한마디로 자기 스스로를 설명(self-explanatory)할 수 있는 경우에 비로소 '원리'로 간주된다. 따라서 원리란 여기서 형이상학의 제일원리(the first principle)로 간주될 수 있다. 하지만 모든 미래의 형이상학이 동일한 의미의 원리에 의존하리라고 주장할 수도 없고, 그럴 필요도 없다.

그럼에도 불구하고 나는 아그리파의 트릴레마에 대응하기 위해 모색된 독일관념론과 낭만주의를 비롯한 몇 가지 이론적인 대안들이 철학적 사유의 지평을 확대하는 데 기여했다고 생각한다. 피론주의가 18세기 철학을 넘어서 현대 철학의 경우에도 그 이론의 정합성을 검토하는 데 유용한 시금석일 수 있는 이유는 선험주의나 독일 낭만주의 등에서 관찰되는 철학적 이론의 구성 방식이 반복적으로 등장하기 때문이다.

첫째, 칸트에서 비롯하는 선험주의적인 이론들과 헤겔의 비판이 검토될 것이다. 둘째, 낭만주의와, 칸트 이후의 선험주의를 비롯한 현대 철학의 몇몇 주장들이 무한 소급의 아포리아와 맺는 연관을 언급한 후, 마지막으로 자연주의의 문제를 간략하게 언급할 것이다. 그러나 주지하다시피 자연주의의 유형들은 매우 다양하다. 방법론적 관점에서만 자연과학을 추종하는 자연주의에서부터 오직 물리적 현상만이 실재한다는 존재론적 자연주의에 이르는 이론들을 모두 섭렵할 수도 없으며, 그럴 의도도 나는 지니지 않고 있다. 다만 나는 역시 간략한 형태로 모든 형태의 연역적 질서나 추론주의를 거부할 경우, 남게 되는 대안이 어떠한 딜레마에 직면하게 되는지 언급함으로써 만족할 것이다. 철학의 역사에 등장한 입장들이 모두 형식적인 완벽성 때문에 의미 있는 것은 아니지만, 이론 자체의 정합성을 가늠하는 작업은 필요하다고 생각한다. 이 점에서 피론주의가 기여할 수 있는 여지가 있다는 것은 부정하기 어렵다.

피론주의를 내가 흥미롭게 여기는 중요한 이유는 인간 정신과 자연, 논리적인 차원을 관통하는 자기-준거의 패러독스 때문이다. 나는 이제부터 '자기-관계'와 '자기-준거'의 표현을 어감에 따라 번갈아 사용할 예정인 데, 이 개념은—최소한 나의 가설에 의하면—철학이 '절대'에 대해 성찰하거나 이를 암묵적으로 전제할 경우 필연적으로 반복해서 직면하게 되는 사태다.

첫째, 나는 세계에 대한 모든 믿음이나 지식을 정당화해 주는 '바로 그것', 즉 '불가피한 사태들'이 피론주의적 논변에 대한 방어선을 구축하고 있다고 주장할 것이다. 그러나 이 방어선은 난공불락의 진지로서 모든 공격에 맞설 수 있는 불가침의 성채일 수 없다. 중요한 것은 전선이 도처에 확대되어 있고, 개별 쟁점을 둘러싼 논쟁의 귀결이 미정인 한에서, 우리는 최소한—논점을 회피한다는 비난을 무릅쓰고—그 모든 '불가피한 사태들'을 통합하는 형이상학이나 이론적 체계는 지극히 비현실적이라고 주장할 수 있다.

둘째, 위에서 언급한 방어선은 적과 아군의 경계가 분명한 고전적인 의미의 대립이 아닌, 세계 해석의 고유한 상징체계들이 자율적인 문법을 구축한 모든 곳에서 전개되는 게릴라전의 양상을 보인다. 나는 그래서 피론주의적 공격에 대응하는 과정에서 모색된 '불가피한 사태들'을 절대의 파편으로 표현할 것이다. 절대의 파편은 다름 아니라 자기-준거, 자기-관계의 구조들을 내면화한 일련의 사태들이다. 인식의 관점에서 말하면 이들은 예외 없이 자기 설명적인(self-explanatory) 사태들로 규정된다. 왜냐하면 이를 통해서 다른 존재자들이나 이에 대한 믿음과 지식 등이 설명될 수 있지만, 그 자체가 다른 무엇에 의해서 설명될 수 없기 때문이다. 그런데 과연 이 자기 설명적이며 자기규정적인 질서들은 더 이상의 새로운 해석과 재구성의 가능성을 배제하는가? 아니면 이 역시 지속적인 해석과 변화하고 확장되는 의미의 지평 위에서 방황하는 개념들인가? 이 물음에 대한 나의 잠정적인 입장은 이 책의 마지막 장에서 간략하게 소개될 것이다.

3 선험주의 철학과 아그리파의 트릴레마

《순수이성비판》 서론에서 언급된 '무관심주의(indifferentism)'는 눈에 잘 뜨이지 않지만, 미래의 형이상학을 예고한 칸트가 직면한 도전을 명확히 표현해 준다. 회의주의가 모든 학문에 혼돈과 암흑을 초래하지만, 동시에 이로부터 학문의 새로운 개혁과 복원이 이루어질 것이라는 진단은 선험적 비판철학에 대한 칸트 자신의 확신을 말해 준다. 회의주의는 기존의 독단적인 이론을 파괴하고 해체하지만, 동시에 이로부터 새로운 철학이 확실한 근거와 정당성을 지닌 학문으로 탄생하는 계기가 마련된다는 것이다. 여기서 '무관심주의'는 전제군주로 비유되는 독단론에 이어서 등장하는 회의주의의 동등성의 논변에서 비롯하는 인식론적 태도를 가리킨다. 무엇보다 칸트는 이 초판본 서문에서 누차에 걸쳐 상호 대립하는 형이상학적 입장들의 동등한 힘의 균형(Equipollence, Gleichgültigkeit)을 거론하면서, 이성의 법정에서 이들 사이의 갈등이 정당한 평결로 종결될 것이라고 예고한다.

내가 이 짧은 글에서 칸트의 선험철학이 총체적으로나 부분적으로 성공했는지의 여부를 논할 수는 없다. 과연 지식의 선험적 조건들을 제시함으로써 회의주의의 공격을 방어할 수 있는가? 경험 자체가 가능할 수 있는 조건들 자체는 경험을 초월해서 타당하다는 주장은 어떻게 정당화될 수 있는가? 만약 이를 자연과학적 지식의 타당성에 기대어 순환론적인 방식으로 정당화하는 것이 허용되지 않는다면, 비판철학은 다시 피론주의의 유령과 마주치게 된다는 것이다. 피론적 논변의 아포리아들이 선험철학의 구성에—흄의 회의주의에 못지않게—중요한 의미를 지닌다는 사실은《순수이성비판》의 전반부인 '분석론'과 후반부의 중심에 놓여 있는 '이율배반론'에 이르기까지 확인된다. 인간의 영혼, 자연의 필연성과 자유의 대립, 신의 존재 등으로 구성된 '선험적 변증론'은 단지 전통적인 존재론의 틀을 답습하고 있을 뿐만 아니라, 선험철학의 근본적인 동기가 단순히 인식론을 구축하는 데 머물지 않는다는 점을 말해 준다. 여기서 실체론적 형이상학은 비록 극복과 지양의 대상이기는 하지만, 선험철학의 논변 자체를 지탱해 주고 이끌어주는 화두로서의 역할을 수행한다. 그러나 이미 앞서 밝힌 대로 칸트의 '바로 그것', 즉 '그것이 성립하거나 실재하지 않으면 모든 인식과 경험이 불가능한 바로 그것'은 이미 선험적 분석론, 즉《순수이성비판》의 전반부에서 마무리된다. 피론주의는 모든 철학적 사유가 정적주의(quietism)를 최종 목적지로 채택하지 않는 한에서, 그리고 체계적인 세계 이해를 추구하는 한에서 직면하게 되는 필연적인 사유의 과정이기 때문이다.

잘 알려진 것처럼, 칸트의 혁명적인 전환은 선험적이란 무엇인가라는 물음을 떠나서 이해될 수 없다. 선험적이란 표현은 무엇을 의미하는가? 선험적인 사태나 조건들, 시간과 공간의 형식들, 범주들의 위상은 어떻게 이해되어야 하는가? 그것은 자기 종결적인 사태로 간주되어야 하는가? 시간과 공간은 실재하는 사태들을 경험할 수 있고 이에 대한 주관적인 믿음을 합리적인, 즉 정당화할 수 있는 지식의 세계로 편입할 수 있는 결정적인 조건이다. 따라서 칸트는 이를 대상을 대상으로 성립시키는 '구성적인' 조건으로 간주한다. 여기서 시간과 공간, 지성의 범주들 그리고 이성적인 판단을 가능하게 하는 판단의 형식들은, 경험의 대상으로 존재하지는 않지만, 그 작용이나 활동성을 일종의 형식적 조건들로 가정하지 않을 경우 인식이나 경험 자체가 불가능하기에, '바로 그것들', 즉 '불가피한 사태들' 이다. 더구나 이에 대한 반론 그 자체가 인식의 조건들을 전제하는 한에서 자가당착의 딜레마에 직면한다는 것이다. 이로써 '코기토 에르고 숨(Cogito ergo sum)'을 통해서 인식의 불가피한 조건을 인식주체의 자기의식으로 제시했던 데카르트의 주체성으로의 전환—비록 아우구스틴이 이와 유사한 생각에 도달했지만 이를 그 신학적인 맥락으로부터 분리시켜 그 자체로서 부각시킨 철학자는 단연 데카르트이다—은 '일차적으로' 완결되었다고 볼 수 있나. 내가 생각하기에 칸트의 비판철학은 경험론의 문제 제기에 의해 그 동기가 촉발되었다고 해도 근본적으로는 데카르트적 전통의 필연적인 귀결이다.

그렇다고 해서 전통적인 존재론의 물음이 의미를 상실하거나 종결된 것은 아니다. 칸트는 단지 사물이나 존재의 본질에 대한 물음이 그와 같은 전통적인 개념 분석으로는 규명될 수 없다는 합당한 이유에서 출발한 것이다. 특히 경험적 사태들이나 개별자들, 즉 현상들의 가능 조건들을 체계화하면서, 이 조건들 자체는 경험의 대상일 수 없다는 주장은 선험적 사태가 경험 초월적인 위상을 지니면서 어떻게 대상에 대한 경험이 대상의 인식으로 전환, 구성될 수 있는지를 보여 준다. 그렇다면 선험적인 것들(Transzendeltalien) 자체를 어떻게 "연역", "추론"하고, 정당화할 것인가? 칸트가《순수이성비판》의 심장에 해당한다고 말했던 "순수 지성 개념들의 연역"은 성공적인가? 그는 피론주의의 아포리아인 무한 소급의 함정을 피해갈 수 있는가? 선험주의는 모든 자기 준거적 논변이 처한 딜레마로부터 해방될 수 있는가? 왜냐하면 그 자체로 정당화되어야 하는 원리나 법칙이 무한 소급의 함정을 모면하려고 할 때 필연적으로 자기 준거의 역설(paradox)에 직면하기 때문이다.

그것은 '통각의 근원적인 통일성'으로 표현된 자기의식에서부터 도덕적 자아를 '도덕적'으로 만들어주는 자율성, 즉 '순수 실천이성'에 이르기까지 여러 형태로 모습을 드러낸다. 이들은 한결같이 그 배후로 들어가거나 소급될 수 없는 선험철학의 최종적인 심급(instance)인가?

더구나 여기서 지성이 작동하는 논리적인 형식들은 당연히 선험적인 것들, 선험적 사태들로서의 위상을 지니는데, 이들은 그가 제시한 대로 12개의 범주들로 '분류되고' 마무리될 수 있는가? 그것은 더 이상의 분석이 불필요한 결정적인 개념의 틀인가? 헤겔은 단연코 그렇지 않다고 생각한다. 범주들의 질서는 칸트가 임의적으로 선택한 논리적 형식들로 국한될 수 없기 때문이다. 논리적 범주들의 질서를 의미론적으로 만족스러운 방식의 추론을 통해 체계화하는 헤겔의 작업은 칸트의 불완전한 범주론의 한계를 감안할 때 충분히 예상된 수순이다. 더 중요한 것은 형식 논리학의 규칙들인 배중률과 모순율, 그리고 충족이유율 등이 그 자체의 타당성을 사전에 인정해야 하는 지성의 규범적인 명령이라는 사실이다. 논리적 형식들 간의 상호 연관은 칸트의 경우 철저하게 검토될 수 없었다. 지성이 사용하는 개념들과 논리적 형식들 자체의 의미론적 불안정성은 근본적으로 언어와 개념에 의존하는 로고스적 정신의 지평이 뒤엉켜 있기 때문에 발생한다.

이와는 대조적으로 헤겔은 '논리적 공간'은 마치 생명체가 자연에서 진화하는 것처럼, 자기 조직의 역동적인 전개 과정을 통해 스스로가 사유의 주체이자 객체임을 인식하는 순수 정신의 세계로 드러난다고 주장한다. 로고스의 질서가 바로 그러한 질서로서 인식되는 순간, 로고스는 절대의 새로운 존재 양식, 즉 정신으로 간주되어야 한다는 것이다. 헤겔의 구체적인 서술에 대해 동의하지 않는 경우에도 그 근본적인 의도 자체는 명확하게 다가온다. 그것은 바로 자기-준거적 질서로서의 로고스에 대한 신념에 근거한다. 즉 로고스와 자연, 정신의 세 차원은 자기-준거적 질서들이 세 가지 다른 방식으로 표현되는 '절대'의 전개 과정이다. 헤겔의 스콜라적인 구도는 칸트와는 또 다른 관점에서 세계 속에 존재하는 인간존재의 좌표를 확정하려는 하나의 영웅적인 시도임이 분명하다. 자연과 정신, 로고스의 총체적 매개는 헤겔 철학을 '정신주의'나 '자연주의' 등의 흔해 빠진 명칭으로 포괄하려는 시도가 무망함을 말해 준다. 다시 말해서 자연화된 정신, 정신화의 과정을 보여 주는 자연의 형성 과정은 모두 로고스의 매개를 통해서만 성립한다. 반면에 로고스는 오직 자신의 전개 과정에서 자연이나 정신의 필연성, 의지적 표현이나 인간적인, 너무도 인간적인 언어의 의미론적인 질서에 의존하지 않는다. 이 점에서 로고스의 차원이야말로 순수한 개념들의 질서이며, "개념" 자체가 자기 준거적인 구조의 역동적인 형성 과정이라는 주장은 "개념의 연역"이 정당성의 논변, 즉 효력의 근거에 대한 서술 이상의 그 무엇임을 가리킨다. 예를 들어 특정한 개념의 의미는 그 개념이 인식주체의 심리적 특성과 무관하게 보편적으로 이해되는 맥락, 즉 다른 개념들과의 의미론적인 연결망에 대한 서술에 의해 파악된다는 것이다.

결국 선험철학에 대한 헤겔의 비판 역시 회의주의, 특히 피론주의의 물음에 의해 촉발된다. 여기서 간과할 수 없는 것은 선험주의에 대한 그의 비판이 경험적인 "사실" 자체에 대한 '독단적인' 해석, 즉 경험적 실증주의에 대한 비판으로 확장된다는 점이다. 반면에 독단적 전제에 해당하는 것은, 실재가 인식주체와 무관하게 '그저 주어져 있다는(givenness)' 주장만이 아니다. 칸트의 '물자체' 개념도 독단적 전제이거나 불필요한 가설이라는 것이다. 특히 선험주의적 환원이 무한 소급과 순환 논변, 독단적 전제의 트릴레마 앞에서 좌초하지 않기 위해서 칸트는 현상과 물자체라는 결정적인 자기 제한의 원칙을 관철해야만 한다. 인식하는 주체의 인식 조건들하에서만 지식이 성립할 수 있다는 주체성의 지평을 확정함으로써, 비록 지식의 근본적인 유한성을 인정했지만, 그는 최소한 우리가 알고 있는 지식 자체에 대한 우리의 상식적인 믿음에 정당성을 부여할 수 있었다.

그런데 회의주의의 도전에 대한 대응의 방식에서 헤겔은 전혀 다른 결단을 감행한다. 그는 《정신현상학》에서 인식의 주체들을 변증법적 경험을 통해서만 성숙해질 수 있는 역사적 주체로 변형시킨다. 회의주의는 비유적으로 말하면, 거듭된 시행착오를 거쳐서 인식의 주체를 단련시키는 필연적 계기로 간주된다. 이 과정은 일련의 비연속적인 정신사의 굴곡을 경험해야만 하는 험난한 여정이다. 그러나 나는 의식이나 정신의 모든 경험이 피론적 회의주의의 논변들에만 의거해서 설명되거나 체험되지는 않는다고 생각한다. 후자는 단지 경험의 궤적을 사변적으로 관찰한 결과일 뿐이다. 회의주의는 철학적 사유의 성장과정을 가능케 해주는 필요조건인 셈이다. 그래서 고대의 회의주의 자체가 의식이 정신으로 성숙해 가는 과정에서 자유로운 자기의식의 한 구체적 경우로도 등장하지만, 회의주의의 역할이 특정한 정신사의 한 단계로 제한될 수는 없다. 철학적 회의는 사유 자체의 과정을 이끌어 가는 '영혼'이기 때문이다. 이 지점에서 로티(R. Rorty)로부터 자극을 받은 논평문의 또 다른 질문에 대한 내 입장을 밝히는 것이 적절해 보인다. 그것은 선험주의의 이론이 근본적으로 정당성의 논변에 경도된 까닭에 제기되는 물음이기도 하다.

《실천이성비판》과 《톰 아저씨의 오두막》

로티는 언젠가 학교에서 강연을 한 다음에 — 제목은 "발견과 구성(Finding and Making)"으로 기억한다 — 점심 식사 모임에서 우연히 내 옆자리에 앉게 되었는데, 이런저런 이야기를 하던 중, 자신이 여가 시간에는 주로 소설책을 많이 읽는다고 말했다. 나 역시 논평자가 언급한 《톰 아저씨의 오두막》이 감성 교육에 대해 나름대로 효과가 있을 것이라고 짐작한다. 그런데 이 물음은 전형적으로 '정당화의 논변(justification argument)'과 '발생론적 논변(genetic argument)'의 관계에 대해 생각해 볼 수 있는 좋은 기회를 제공해 주는 것 같다. 흔히 《실천이성비판》은 전형적으로 전자에 속한 이론으로 간주된다. 즉 도덕적 인격이 어떻게 형성되고 진화하는가의 문제는 경험을 초월한 이성의 능력, 즉 칸트의 표현을 빌리면 '순수한 실천 의지'의 서술 과정으로부터 완전히 분리된다. 경험으로부터 독립한 자율성의 원리는 칸트의 도덕 이론의 토대다. 따라서 칸트에게 동일한 문제를 제기한다면, 그 역시 《톰 아저씨의 오두막》이 성장하는 어린아이나 일반인들의 도덕적 감성을 일깨우고 내면화하는 데 자신의 《실천이성비판》보다 더 유용한 텍스트라는 사실을 인정하는 데 인색하지 않을 것이다. 칸트 자신이 경험의 차원에서 제기되는 실천적인 문제를 간과했다는 주장은 전혀 성립하지 않는다. 만약 독자들이 《실천이성비판》이나 《도덕 형이상학 원론》만이 아니라, 그의 — 당대에 가장 많은 청중을 매료시켰던 — "실용적 관점의 철학적 인간학"이나 "단순한 이성의 한계 내에서의 종교" 등의 저술을 접할 수 있다면, 칸트가 도덕 감정의 세계를 포함해서 인간적 경험에 대해 폭넓은 이해를 하고 있음을 알아챌 것이다.

더 중요한 것은 만약 우리가 《톰 아저씨의 오두막》이 왜 도덕성을 함양하는 텍스트로 이해되고 《데카메론》이나 《수호지》와 달리 '도덕 교육에 보다 더 긴요하거나 효과적인 텍스트'일 수 있는지 입증하려고 한다면, 이 순간, 《실천이성비판》은 중요한 전거로 고려될 수 있다는 것이다.

그런데 과연 경험을 초월한 이성의 질서와 충동과 본능, 감정 등의 차원의 구별이 오직 윤리학을 엄격한 학문으로 체계화하려는 의도, 즉 방법론적인 의도에 의해서 요구되었다고 볼 수 있는가? 논평자의 물음은 바로 이 지점에서 흥미로운 쟁점으로 이어진다. 근본적으로 인간에 대한 이해와 관련해서 이성과 감정의 구별은 어떤 맥락에서 허용될 수 있는가? 인간의 이해와 관련해서 이성과 감성, 지성과 감정 등의 이원론적인 구별이 한계를 드러내는 경우는 무엇인가? 내가 《수치심과 죄책감》(2013)에서 입증하려고 시도했던 것처럼, 인간의 감정에 이미 모종의 '논리적인 사태'가 개입하지 않는가? 여기서 개입이란 단순히 행위나 감정 등을 서술하는 과정에서 필연적으로 동원되는 개념의 도식이나 범주들이 전제된다는 것만을 가리키지 않는다. 행위의 형식과 유형, 감정의 표현과 발현과정에 이미 작용하는 일련의 잘 드러나지 않는 '규칙성' 등은 포괄적인 의미에서 인간의 정신, 즉 마음에 내재화되어 있는 질서들이며, 우리는 이를 비논리적이며 무질서한 심리적 에너지의 흐름만으로 단정할 수는 없다는 것이다. 다시 질문으로 돌아가서 우리는 인지적 판단이 관여함으로써만 발현되는 감정들의 경우, 어떠한 교육상의 고려가 요구되는지 되묻게 된다. 나는 이 물음이 이성 대 감정이라는 오랜 이원론을 고수하는 한 더 이상 의미 있는 방식으로 해명되기 어려울 것이라고 전망한다.

4 이성의 한계와 '무한 소급'의 아포리아

18세기 말부터 19세기에 걸쳐 형성된 독일의 초기 낭만주의는 이성의 한계에 대한 인식에서 출발하는데, 그 단초는 무한소급의 아포리아에서 찾을 수 있다. 특히 야코비(Friedrich Jacobi)는 범신론 논쟁과 그가 제기한 칸트와 피히테 비판을 토대로 이성에 근거한 합리주의가 궁극적으로 허무주의로 귀결될 수밖에 없다고 주장한다. 허무주의의 극복은 이성의 한계를 인정하고 신앙과 종교의 차원에 뛰어드는 결단을 통해서만 가능하다는 야코비의 주장은 소위 '치명적인 도약(Salto Mortale)'이란 구호로 회자된다. 지식을 인간의 경험이나 이성에 근거해서 궁극적으로 정당화할 수 없다는 한계 의식은 낭만주의자들에게 지식과 신앙을 양립시킬 수 있다는 전망을 가능케 한다. 나아가서 인간의 지식이 유한하다는 낭만주의의 신념은 열린 해석을 지향하는 해석학의 흐름과도 자연스럽게 연결된다. 특히 슐라이어마허(Friedrich Schleiermacher)의 해석학적 관점은 텍스트의 이해와 관련해서 그 어떤 해석의 객관성을 독단적으로 주장할 수 없으며, 궁극적으로는 다양한 해석의 무한한 전개 과정이 그 텍스트의 의미를 지속적으로 구성하고 변형시킨다는 것이다.

이성의 한계를 인정함으로써 비로소 무한과 절대에 대한 감정이 발생하며, 이것이 바로 신앙의 계기가 된다. 지식의 궁극적인 토대를 확보할 수 없다는 인식의 단초는 무한 소급의 딜레마에 의해서 제공되는데, 결국 이들에게 남은 선택은 허무주의로의 추락이나 아니면, 종교적 믿음으로의 도약뿐이다. 합리적 세계 해석에 대한 야코비의 비관적 주장은 이성과 감성, 상상력의 관계는 물론 철학과 시와 문학의 관계에 대한 새로운 접근을 촉발시킨다. 그래서 철학자이기보다는 시인에 가까운 노발리스(Novalis)와 슐레겔(Schlegel) 역시 낭만주의와 사변적 관념론의 분기점이 '무한 소급'이라는 아포리아라는 점을 분명히 보여준다. 18세기 독일에서 태동한 낭만주의는 '무한성의 이념'에 대해서도 사변적 관념론자들과 다른 태도를 보인다. 비규정적 무한성(Indefinite Infinity, Unbestimmte Unendlichkeit)은 무한(Infinity, Unendlichkeit)을 그 어떤 개념이나 이론으로 포착할 수 없다는 것이다. 보다 완전하고 진리에 근접한 지식은 무한히 지속되는 해석의 과정이며, 이는 철학보다는 예술에 의해서 더 온전한 방식으로 수행될 수 있다는 것이 낭만주의의 핵심이다. 그 결과 철학과 과학, 문학과 예술의 구별이 모호해지게 된다. 다시 말해서 필연적 정당성을 지닌 지식과 우연적이며 역사적인 지식 사이의 경계가 허물어지거나 상대화되는 순간, 텍스트에 대한 무한 해석만이 유일한 대안으로 남게 된다.

그러나 나는 '무한 해석'이라는 이들의 주장만큼 오용된 경우도 드물다고 생각한다. 대표적으로 20세기 후반에 포스트모더니즘은 거대 담론에 대한 비판에 편승해서, 이론으로서의 철학 자체의 실질적인 분석이나 혁신에 기여하기보다는, 텍스트 자체를 일종의 '기호들의 유희'로, 혹은 진리나 실재로부터 분리된 자의적인 서술의 다양한 방식들에 불과한 것으로 치부해 버린다. 따라서 엄정한 전거와 논증, 경험적 준거 등에 의해서 뒷받침되는 일련의 담론들은 사회문화적 조건들을 반영할 뿐만 아니라, 특정한 이해관계나 지배 질서를 재생산하는 일종의 서사(a narrative)에 지나지 않게 된다. 동시에 자아의 실체에 대한 담론 역시 단지 인간들이 살아가는 문화와 사회 속에서 만들어 내는 이야기들(story-telling)에 지나지 않다는 것이다.

나에게 일부 포스트모더니스트들은 자신들이 원하는 목소리에만 귀를 기울일 수 있는 특이한 능력의 소유자들처럼 여겨진다. 예를 들어 니체가 직접 발표하지 않은 초기 작품, 〈도덕외적인 의미에서 진리와 거짓에 대해〉란 문건은 종종 포스트모더니즘이나 급진적 해석학의 전거로 인용되는 경향이 있다. 진리를 일련의 메타포와 동일시하는 청년 니체의 자가당착적인 문장에 매료된 포스트모던 계열의 철학자들은 '주권적 개인'이나 '자유로운 정신'을 주장한 니체의 또 다른 주장들은 외면할 수밖에 없다. 메타포는 문학 이론이나 언어 화용론의 분석 대상일 수 있으나, 그 자체가 철학적 서술의 매체로서 활용된다는 것은 희극적이다. 진리 개념과 지칭, 실재의 개념에 대한 회의는 곧 이성적인 세계 해석 자체에 대한 거부로 귀결된다. 보편적인 상징체계들이 실재와의 연관을 상실한 채, 게토화된 어휘들의 파편으로 해체되는 과정은 철학과 문학, 예술 등에서 반복된다. 우리는 종종 포괄적인 성격의 물음을 통해서 자신이 추구하는 행위가 도대체 어떠한 의미를 지니는지 자문할 필요가 있다. 따라서 나는 개념적 사유의 가능성이 소진되었다고 생각하지도 않으며, 철학이 대부분의 경우 문학을 곁눈질할 필요도 없다고 여긴다. 관념론이나 합리론이 이성에 대한 맹종이나 광신으로 이어질 것이라는 우려는 근거가 없다. 그러나 포스트모더니스트들에게 총체성의 이념을 개념적 질서로 구축하려고 시도했던 관념론적 형이상학은 이성 중심주의의 한 사례이자, 이데올로기 비판의 대상일 뿐이다.

더구나 낭만주의와 해석학, 그리고 로티를 필두로 하는 미국의 신실용주의 전통은 20세기 초의 문화인류학을 필두로 전개된 상대주의의 정신을, 주로 영미의 지식인 사회에 확산시키는 데 기여한다. 이 같은 현상은 아도르노나 데리다의 '비동일적인 것', 혹은 '차연(differánce)'과 같은 표현들이 말해 주는 것처럼, 개념의 지배적 위상이나 동일성의 원리 등을 거부하려는 시대정신의 흐름과 맥락을 같이한다. 여기서는 그 어떤 형태의 종결의 형이상학을 모색하려는 시도 자체가 무망해 보인다.

그렇다면 철학은 문학과 어떻게 구별되는가? 비록 플라톤에서부터 철학은 종종 문학의 외투를 입고 등장하지만, 나는 문학과 철학, 철학과 문학의 구별이 무엇보다 필연성에 대한 태도에 의해서 구별된다고 생각한다. 실재하는 사태들이나 정신의 질서들이 그 고유한 필연성을 통해서 이해될 수 있는 가능성을 탐색하는 작업은 철학의 본질에 해당한다. 그러나 낭만주의나 해석학은 철학적 사유를 개념적 필연성의 차원으로부터 경험과 역사적 의식에 작용하는 우연성과 한계의식의 지평으로 유도한다.

이 같은 해석학적 전환은 개념적 우주로서의 로고스가 아닌 살아 있는 대화의 지평으로서의 '로고스'를 새롭게 부각시키게 된다. 생동하는 언어 행위를 로고스의 중심에 설정함으로써 해석학적 전환은 후에 오스틴(J. Autin)과 아펠(K-O. Apel), 하버마스(J. Habermas) 등에 의해 천착된, 화용론적 전환(pragmitic turn)을 이미 유도했다고 볼 수 있다. 이로써 인식주체의 자기의식이 아닌, 언어 행위자가 이미 항상 전제하는 대화의 초월적 조건들이 선험주의의 위상을 부여받는 것이다. 이 역시 일종의 언어활동에서 관찰되는 '불가피한 사태'다. 즉 이를 간과하거나 위반할 경우, 필연적으로 자가당착에 직면할 수밖에 없는 '바로 그것'은 언어의 지평에서 새롭게 구성된다. 이 점에서 칸트의 이론을 계승하고 재구성한 것이 아펠의 선험적 화용론과 보다 경험적 조건에 개방적인 하버마스의 보편적 화용론이다. 우리는 여기서도 피론주의의 자기-준거적 역설이 배후에 작용하고 있음을 확인한다. 피츠버그 학파로 알려진 — 그러나 상호 구별되는 이론적 기획을 추구하고 있는 — 브랜덤(R. Brandom)과 맥도웰(J. McDowell) 등의 신실용주의도 '이유들의 공간(space of reasons)'과 물리적 원인들이 작동하는 영역을 구별하는데, 이들 역시 선험철학의 주체성을 언어철학, 특히 언어 화용론(linguistic pragmatics)의 관점에서 재구성하려는 목표를 지향한다. 그런데 형이상학과 자연주의의 두 함정을 피해서 선택한 선험주의의 변형된 이론들은 피론주의의 트릴레마와 자기-준거의 역설로부터 자유로운가? 나는 이에 대해 회의적이다.

형이상학을 지나간 철학의 역사로 간주하는 하버마스와 아펠 등은 진리 합의설이나 의사소통적 합리성에 근거한 행위 이론을 모색했는데, 이들은 당연히 형이상학의 물음에 대해 부정적인 태도를 보인다. 그러나 진리를 소위 자유롭고 평등한 언어 주체들 사이에 의해 도달 가능한 합의를 통해 정당화할 수 있다는 상호 주체성의 철학은 '무한 소급'의 아포리아를 극복할 수 있는가? 의미에 대한 언어 행위자들의 이해는 역사나 문화를 초월한 보편성을 주장할 수 있는가? 더구나 생활 세계의 구체적 존재들이 인공언어가 아닌 자연적인 언어의 주체인 이상, 이들이 과연 핵심적 의제나 개념에 대한 의미론적인 불확실성이나 차이를 극복할 수 있는지 의심하게 된다. 무엇보다 자유롭고 평등한 주체들 사이의 대화가 모종의 합의에 도달했다고 해도 그것이 최종적인 진리가 아닌 한, 무한 소급의 문제는 해결되지 않은 채 남게 된다. 다시 말해 자유롭고 평등한 주체들 사이의 — 지배 관계가 존재하지 않는 상황에서 — 지속적인 대화를 통한 합의가 곧 진리의 규정이라는 주장이 성립하기 위해서는 언어 행위자들의 공동체가 의미론적 지평을 공유한다는 전제가 성립해야 하지만, 이는 지극히 비현실적인 주장일 뿐이다. 모든 언어 행위는 수학이나 인공언어가 아닌 한에서 이미 의미의 구체적인 이해의 방식들에 대해 개방적이다. 살아있는 자연언어는 역사와 생활 세계의 열린 지평 위에서 작동하기 때문이다. 언어 행위를 가능케 하는 형식적이며 선험적인 조건들이 곧 진리의 기준이라는 주장 역시 무한 소급이나 자기 준거(self-reference)의 딜레마로부터 자유롭지 못하다. 결국 진리 합의설 역시 이들이 설정한 '불가피한 사태들'이 자기 설명적일 수 있는가의 여부에 의해서 좌우되는 한, 피론주의의 아포리아로부터 벗어날 수 없는 것이다.

5 자연주의와 불가피한 사태들

자연주의자들은 원인과 결과의 연계를 초월하거나 그 정점에 존재하는, 자신이 스스로의 원인(self-cause)일 수 있는 '그 무엇'에 대한 모든 논의가 부질없다고 여긴다. 이 같은 입장에 맞서 자기원인을 사유할 수 있는 가능성은 오직 두 가지 뿐이다. 하나는 초자연적인 '그 무엇'을—명칭이야 어떻게 되었든—자연과 기타 모든 사물들의 원인으로 설정하는 것이다. 또 다른 하나는 모든 것, 자연이 모든 것이면 자연 자체가 자기원인의 주체이자 객체라는 사실을 절대적 사태로 전제하는 것이다, 전자는 모든 형이상학적 이원론의 뿌리인 반면에, 후자는 스피노자와 헤겔에서 정점에 이르는 모든 형이상학적 일원론의 핵심 원리다. 나는 이 두 입장들이 공통적으로 전제한 자기원인이 자기-준거적 질서에 해당하며, 이 자기-준거적 질서들은 파편화된 형태로 실재할 뿐만 아니라, 합리적인 사유의 대상으로도 적합하다고 생각한다.

먼저 간략하게 자연주의 자체가 과연 형이상학적 물음의 소용돌이나 피론주의의 망령으로부터 벗어나 있는지 살펴볼 필요가 있다. 일단 자연주의는 초자연적인 실체에 대한 헛된 망상을 해체했다는 점에서 계몽주의와 맥락을 같이한다. '초자연적 사태들'에 대한 주장들은 단순히 불가지론적인 태도에 머물지 않고 이성이 아닌 이미지와 상징 등에 기댄 반계몽주의(obscurantism)를 확산시키는 역할을 수행한다. 오늘날에도 인간들은 얼마나 허망하게 의미 없는 상징과 이미지에 현혹되고 있는가? 전통적인 형이상학 역시 반계몽주의의 온상이라는 비난을 받아 왔다. 반면에 신과 세계 전체에 대한 우주론적인 주장들은 계몽적인 이성보다 경험과학의 등장으로 그 허구성이 노출되었다. 고대의 원자론이나 자연철학이 플라톤주의에 대한 도전으로 간주될 수 있다면, 중세의 유명론과 근세의 기계론적 세계관은 광범위한 의미에서 자연주의의 전통을 계승한 것이다. 다만 현대의 자연주의자들이 이상적인 과학의 모델로 추종하는 과학이 역학이나 기계론이 아닌, 양자물리학과 생물학으로 바뀌었다는 차이만 있을 뿐이다.

그렇다면 자연주의는 피론주의의 트릴레마로부터 자유로운가? 정신과 자연, 물리적인 것과 심리적인 것을 구별하지 않은 상태하에서 '자연주의'나 '물리적 환원'이란 표현 자체가 성립할 수 있는가? 모든 심리적 현상을 물리화학적 과정으로 환원할 수 있다면, 굳이 자연주의 운운하는 것 자체가 무의미하지 않은가? 자연주의 대 반자연주의의 대립은 이미 선험주의에 의해서 그 해결이 시도되었다. 사물들의 세계에 대한 경험을 가능케 하는 조건들 자체가 경험의 대상일 수는 없다는 선험주의 자체가 자연주의를 거부하게 만드는 결정적 이유다.

따라서 자기-준거의 구체적 사례인 자기의식이나 자유의지의 개념은 자연주의의 대표적인 공격 대상이다. 흥미롭게도 자아 개념의 해체는 비단 '포스트모더니스트'들만의 기획으로 머물지 않는다. 자아에 대한 자연주의의 해석 역시 주체성의 해체라는 측면에서 동일한 효과를 산출한다. 특히 데네트(D. Dennett)는 자아의 의식이란 뇌에서 다양하게 전개되는 물리화학적 과정들의 기능적 결과에 지나지 않으며, 이를 총괄하는 그 어떤 중심이 일종의 실체적 '자아'로 존재한다는 발상은 근거가 없다는 것이다. 모든 형태의 본질주의에 대한 거부와 비판이 자아의 이해에도 직접적인 영향을 미친 것이다. 그러나 유물론에 입각해서 의식과 정신을 물리적 사태로 환원할 수 있다고 주장한다는 것 자체는 물리적 현상과 심리적 현상을 구별할 수 있다는 전제에서 출발하는 것이 아닌가? 더구나 이미 여러 심리철학자들이 주장한 대로 유물론적 결정론(materialistic determinism)은 의식이나 정신이 보이는 지향성(intentionality 혹은 aboutness)을 설명하지 못하며, 특히 우리가 추상적인 사태들이나 대상들을 사유할 때, 이에 상응하는 물리적 상태가 실재한다고 믿어야 할 이유는 없다. 추상적인 대상들은 인간의 뇌가 아닌 다른 물리적 혹은 생물학적 조건하에서도 최소한 그 기능적인 측면의 재현이 가능하다고 볼 때, 뇌의 물리화학적 상태는 의식이나 정신의 사유 활동과 동일하지 않기 때문이다. 유물론이 환원주의의 형식을 취하는 한에서 그것은 자가당착의 오류에서 헤어나기 어려워 보인다.

또한 유물론은 '물질이란 무엇인가'라는 물음 자체에 대한 해명을 유보할 수밖에 없다. 물질은 오직 개별 현상에 대한 미시적인 수준의 경험과학에 의해서 단계적으로 규명되며, 물질 자체의 개념 규정은

별 의미가 없다는 것이 유물론의 입장이다. 반면에 자연과 논리적 우주, 그리고 정신세계가 상대적인 자율성을 구조화하고 있는 별개의 질서들이란 생각은 오직 사변적인 형이상학자들의 관념일 뿐이다. 그렇다면 수리적 패턴이나 질서들의 존재론적 위상은 무엇인가? 수리적 질서가 물리적인 사태에 구현될 수는 있으나, 이와 동일시될 수는 없는 한에서, 대수학의 법칙들 역시 뇌의 물리화학적 상태와는 다른 존재론적 차원에 속하지 않는가? 수리적 질서 역시 일반적인 물리적 대상들과 '같은 의미에서' 실재한다고 추정하는 것은 무리다. 이와 같은 논란의 핵심에 필연성의 개념에 대한 오해가 자리한다.

'불가피한 사태'란 표현 역시 일종의 '필연성'을 함축한다. 수리적 법칙성과 경험에 근거하는 자연과학의 법칙성 역시 넓은 의미의 '필연성' 개념에 귀속된다. 여기서의 필연성은 구체적으로 무엇을 의미하는가? 먼저 분명히 할 것은 필연성의 개념 자체가 맥락 의존적이라는 사실이다. 왜냐하면 존재론적 필연성과 논리적 필연성이 구별될 뿐만 아니라, 일반적으로 물리적 규칙성으로 간주되는 경험과학에서의 인과적 필연성 역시 별도의 차원에 속하기 때문이다. 예를 들어 논리적 필연성은 모든 가능한 세계에서 참인 논리학이나 수학, 혹은 개념적 법칙들에서 드러나지만 물리적 필연성은 경험이 가능한 특정한 세계에서 성립하는 규칙성들이기 때문이다. 후자는 특히 "다른 우연적 조건들을 배제하는 한에서만(Ceteris Paribus)" 타당할 뿐만 아니라, 이론의 근본적인 전제 자체가 임의적일 수 있는 가능성을 배제하지 못하기 때문이다. 최소한 내가 알기에 전제의 '임의적 성격'으로부터 자유로운 자연과학은 상상하기 어렵다. 예를 들어, 우주 자체가 결정론적으로 설명되어야 한다는 관점(아인슈타인)과 확률론적으로 설명되어야 한다는 관점(보른)의 대립은 물리학의 전제들 자체가 항상 입증 가능하지 않다는 사실을 분명히 해준다. 물리적 법칙들은 우주론에서 언급하는 자연적 질서 자체의 생성에 전제되는 우연적 조건들로부터 자유롭지 못하기 때문이다.

'불가피한 사태'는 다양한 차원에서 논의되어 왔다. 가령 언어적 표현이 의미 있는 믿음을 반영할 수 있게 만들어 주는 논리의 형식이나, 경험의 가능성의 조건들인 지성의 범주들, 혹은 대상들에 대한 믿음을 가능케 하지만 그 자체가 대상으로 표상될 수 없는 후설의 '선험적 에고(das transzendentale Ego)' 등이 구체적인 경우에 해당한다. 그러나 이들을 하나의 차원으로 환원하려는 시도는 그다지 성공적일 수 없다. 하나의 공통된 특징은 이 '불가피한 사태'를 부정할 경우, 언어와 심리, 인식 등의 차원에서 필연적으로 자가당착에 직면하게 된다는 사실이다.

그 결과 '불가피한 사태들'은 언어의 일반적인 통사적 구조인 주어-술어의 형식에 의해 포착될 수 없거나, 주체와 객체의 이원론적 구별에 근거한 서술의 대상으로 적합하지 않다는 추정 역시 가능해진다. 이는 '신', '절대', '총체성으로서의 실체 그 자체' 등은 모든 다른 존재자들의 원인이지만, 이 자체가 다른 무엇에 의해서 설명되거나 인과적으로 규정될 수 없다는 존재론적 주장과 상응한다. 반면에 근대 이후의 과학과 경험주의 철학, 20세기 이후의 자연주의로부터 실용주의에 이르는 현대 철학의 여러 이론들은 이와 같은 유형의 형이상학적 사유에 대해 적대적이다. 어떤 존재하는 대상이나 현상은 오직 그것이 어떻게 기능하는가에 대해서 분석되고 탐구될 가치가 있다는 것이다. 이 경우 그 현상은 시간의 지평위에서 포착 가능한 인과적인 선후 관계를 규명하는 것으로 만족스럽게 설명된다. 그러나 '그것은 무엇인가'라는 물음이 대부분의 경우 해결될 수 없는 미궁으로 이어진다고 해서 물음 자체가 무의미해지는 것인가? 형이상학의 사태, 즉 모든 자연적 사태와 존재하는 것들을 바로 그러한 것으로 묶어주는 '포괄적인 것(das Umgreifende, Jaspers)'이나 '불가피한 사태'는 일종의 환영이나 허구에 지나지 않는가? 분명 어떤 사태의 본질적 정체성에 대한 물음은 특정한 존재자의 현상적 인과관계에 대한 물음과는 차원이 다르다. 개별 과학에 의해 구체적인 현상의 시간적 선후 관계가 설명된다고 해서, 인과율 자체의 의미나 존재자 자체의 본질이 만족스럽게 규명되는가?

6 절대의 파편들

이제 검토하게 될 자기-준거적 질서들은 절대의 파편들로서, 그 어떤 총체성의 이론으로 통합될 수는 없다. 다만 개별 질서들 속에서 관찰되는 일련의 '불가피한 사태들'에 주목함으로써, 우리는 상대주의나 역사주의의 유혹으로부터 해방될 수 있다. 동시에 '파편화된 절대', 즉 자기-준거의 질서들에 대한 겸허하지만 정돈된 입장은 물리적 환원주의를 필두로 하는 자연주의에 대한 불신을 뒷받침해 준다.

비단 오늘이 아니라 이미 근세철학의 태동기에서부터 형이상학은 위기에 직면하게 되는데 그 중요한 원인 중의 하나는 '자기-준거적 질서'들의 모호한 성격에서 비롯한다. 자기-준거의 개념을 가장 적극적으로 확장시킨 철학자가 바로 헤겔이다. 따라서 헤겔의 형이상학이 자기-관계적 부정성이라는 설명의 모형에 집착하는 한에서 그에 대한 거센 비판은 충분히 예상할 수 있다. 나는 이 설명의 모형을 통해서 헤겔이 헬레니즘과 유대교 및 기독교의 유일신 사상을 통합할 수 있었다고 생각한다. 이는 특히 합리적 자기-규정(rational self-determination), 즉 자기-준거적 정신의 형이상학에서 완결된다. 이미 스피노자에서도 '원인'이나 '실체', '신' 등의 개념들은 자기 설명적인 사태로 등장하지만 하나의 중요한 차이가 비로소 헤겔의 형이상학을 총체성의 이론으로 만든 것이다. 그 배경에는 모든 것의 존재와 그 궁극적인 원인에 대해 두 가지 극단적 해석으로 대립해 온 형이상학이 자리한다.

도대체 왜 헤겔은 절대를 단순히 자족적인 존재나 실체가 아닌 자기-관계적 부정성을 내재한 정신이자 주체로 이해했는가? 이 평범하게 들리는 물음은 서양에서 모색된 존재론의 두 갈래에 대해 주목하게 한다. 그것은 무로부터 그 어느 것도 생성될 수 없다(ex nihilo nihil fit)는 사유와 무로부터의 창조(creatio ex nihilo)라는 사유와의 대립이다. 인류의 정신사에서 존재의 근원에 대한 사유는 그 단초에서부터 두 가지 상호 배척적인 가능성에 직면하게 된다. 그 단초는 이미 고대 그리스 철학에서 분명히 드러난다. 형이상학의 분기점은 이미 《파르메니데스》에서 관찰되지만, '무로부더의 창조'라는 새로운 우주론은 이제 기존의 존재론에 대한 거대한 도전으로 간주된다. 존재와 생성의 형이상학이 대립해 온 논의의 토대 자체가 변화에 직면하게 된 것이다. '무로부터 그 무엇도 생성될 수 없다'는 주장은 이제 헤라클레이토스와는 전혀 다른 의미의 창조론과 대립하게 된다. 스피노자와 현대의 유물론자들 역시 전자에 속한다고 간주되지만, 실제의 사상적 연관은 훨씬 더 복잡하다. 고대 유대교와 후에 이를 재해석한 카발라(Kabbala), 《파르메니데스》에서 신플라톤주의, 그리고 기독교 계열의 에크하르트(Meister Eckhart)와 스피노자, 그리고 헤겔에 이르는 모든 전통들은 '창조'의 원리를 둘러싼 이 논쟁의 한복판에 위치한다.

무엇보다 《파르메니데스》에서 이데아는 스스로 존재하는 규정이자, 실재하는 현상들을 서술할 수 있게 만들어 주는, 즉 자기-설명적인 규정임에도 불구하고, 그 어떤 자기-부정성을 함축하지 않는다. '형상들(forms)'의 의미는 오직 그 자기-준거적 완결성과, 비물질적 영원성에 의해서 이해되지만, 이는 주체성이나 정신을 결여한 영원한 질서일 뿐이다. 일자(das Eins)를 중심으로 전개된 신플라톤주의자들의 이론적 작업 역시 당연히 플라톤의 유산에 충실하다. 자기 준거와 무한 소급의 문제는 이미 플라톤의 《파르메니데스》에서부터 핵심적인 쟁점으로 등장하지만, 이는 자기-관계적 부정성과 무관한 사변으로 일관한다. 유일한 존재는 항상 자기-동일적인 존재인가? 그것은 시간 안에 존재하는가, 아니면 시간과 관계없는 사태인가? 로고스에 대한 헤겔의 논의에서도 중요한 의미를 지니는 이 모든 물음이 이미 《파르메니데스》에 등장한다. 그러나 내가 아는 한에서 절대의 자기-관계적 부정성이란 표현은, 유일신 사상을 통해 추적될 수 있다. 특히 카발라 주의자들이 제시한 침춤(Zimzum)이란 관념이 주목할 만하다. 침춤은 신이 유한한 존재자들의 세계를 창조하기 위해, 자신의 절대적 위상을 일부 포기하거나 제한해야만 했다는 발상에서 출발한다. 이는 곧 신의 자기부정, 즉 절대적 자기부정이 모든 것의 시작이라는 주장과 맥락을 같이 한다. 결국 신이란 존재는 자기 구별을 통해서만 자기실현을 할 수 있는 존재라는 것이다. 인간도 신과 같은 정신적 존재인 한에서 자기의식은 필연적으로 자기-관계적 부정성을 통해 타자 관계와 자기 관계의 통일성을 — 비록 일시적일지라도 — 구축한다. 즉 절대적으로 단일한 존재자(The One)은 필연적으로 '자기-준거'의 구조를 지니며 스스로에 내재화된 자신의 절대적 차이에 근거해서 비로소 모든 존재자들의 근거이자 단초로 이해된다는 것이다. 이로써 헤겔의 형이상학에 이르러 헬레니즘의 형이상학과 기독교의 유일신 사상은 통합된 이론으로 재탄생한다.

그런데 헤겔은 왜 자기 준거의 구조를 지닌 체계들을 자연과 정신, 로고스라는 세 차원으로 구별해서 서술하는가? 그것은 세 차원들이 내재하는 자기-부정성의 지평이 상이한 서술을 요구하기 때문이다. 자연에서의 복잡성의 증가는 논리적 공간에서의 사유의 발달 과정과 구별되며, 이 두 차원은 다시 역사를 통해서 전개되는 정신의 자기 형성 과정과도 상이하기 때문이다. 존재론의 계층적 구별이 별도의 방법적인 배려를 요구하는 것은 당연한 것처럼 여겨진다. 예컨대 정신세계의 개별 존재들은 '동일성과 비동일성의 동일성'을 통해서만 그 정체성이 파악될 수 있다. 그것은 자기자신의 타자로의 변형이나 변화를 통해서만 자신의 정체성을 유지하거나 경험할 수 있기 때문이다. '동일성과 비동일성의 동일성'이란 표현에는 이미 — 후에 하이데거에 의해 천착된 — 시간적 실존으로서의 개별 존재라는 관념이 이미 함축되어 있다. 그것은 어떤 신비하거나 모호한 사태를 가리키는 것이 아니다. 자기부정을 통한 자기 정체성의 형성만이 개별 존재를 비시간적인 추상적 개념이 아닌, 하나의 구체적 실존으로 이해될 수 있게 만들어 준다.

얼핏 보기에 자기-준거는 사실상 너무도 형식적인 개념이기에 이를 통해서 도대체 무엇을 말하고자 하는지조차 불확실해 보임에도 불구하고, 이는 형이상학의 가장 근본적인 개념이자 실재하는 사태들 그 자체다. 그것은 우리들의 삶, 즉 인생의 의미와 근거에 대한 물음을 동시에 함축한다. 우리가 진정으로 그 어떤 다른 무엇, 즉 전통이나 종교, 사회적 관념 등으로부터 독립해서 스스로 판단하고 행위할 수 있는 그런 존재, 즉 자유로운 존재인가의 여부도 이 개념의 실체성과 연관된다. 또한 자기 준거, 혹은 자기 관계에 등장하는 '자기'는 그 어떤 인격적인 존재, 즉 개인(person)만을 가리키지 않는다. 물론 자신의 존재를 의식하고 나를 나로 인지하는 모든 살아 있는 인간들이 자기-준거적 존재에 포함되는 것은 당연하지만, 모든 자기-준거적 질서들이 후자의 특성을 공유하는 것은 아니다. 그래서 내 생각에 신과 모세의 '대화(?)'에서 신이 자신을 "I AM THAT I AM"(Exodus 3;14, King James 판)라고 언급한 순간은, — 그 역사적 사실 여부는 여기서 전혀 중요하지 않다 — 자기-준거의 화두가 등장한 시점이기도 하다.

나는 과연 "전체성의 향수"(이 책, 30)에서 헤어나지 못하고 있는가? 그렇다! 비록 내가 헤겔주의자는 아닐지라도. 나는 일련의 추론에 의해 모든 것에 관한 이론이 질서 정연하게 구축될 수 있다는 스피노자나 헤겔의 주장이 더 이상의 설득력이 없다고 여긴다. 그 결과 '전체성의 향수'를 달랠 수 있는 하나의 가능성은 오직 여기저기 파편처럼 흩어진 불가피한 사태들에 주목하는 것이다. 그것은 형이상학 전체를 필연성의 우주로 묘사하는 것이 아니다. 우리는 이제 보다 소박하게 제한된 영역에서 합리적 질서들이 의미 있는 방식으로 구성되고 작동하는지에 대해 관심을 기울이게 되었다. 체계를 구축한 이념의 영웅들을 대신해서 합리적 질서가 통용되는 일시적인 안식처를 찾아 헤매는 유목민들만이 남게 되었다.

제2부

인간, 존재의 사건

임홍빈과 헤겔 철학　소병일

사건으로서의 인간 존재　임홍빈

임홍빈과 헤겔 철학
철학적 인간학과 실천철학을 중심으로

소병일

I

이 글의 목적은 임홍빈의 철학함과 그 특징을 되돌아 보려는 것에 있다. 거칠지만 단순하게 정리하면 그는 특정한 문헌의 해석과 관련된 미시적인 주제보다 철학의 근본 문제와 관련된 거시적인 주제에 관심을 가졌으며, 철학 자체를 반성하는 메타 철학적인 방법을 선호하는 특징을 보인다. 그리고 이러한 특징은 임홍빈의 비판적인 헤겔 수용과 분리될 수 없다. 기존의 헤겔 해석들과 거리를 두는 그의 글들은 다른 학자들에게서 쉽게 발견되지 않는 고유성과 매력을 드러낸다. 나는 임홍빈 철학의 고유성을 '유한성으로의 침잠'과 '자유의 발산'이라고 축약하고 싶다. 그는 인간의 유한성을 극복할 수 있다고 믿거나 희망했던 기존의 철학자들과 달리 유한성 자체로부터 철학함의 의미를 발견하려 했으며, 그 어떤 교리나 이데올로기에 종속되지 않는 자유로움을 실천하고자 했다. 이제 철학적 인간학과 실천철학을 중심으로 임홍빈의 철학함을 좀 더 구체적으로 살펴보기로 하자.

II

1 철학적 인간학

임홍빈이 인간학을 철학의 주제로 특화하여 다루었다고 말하긴 어렵다. 그러나 최근 비극과 감정에 관한 글들은 그만의 고유한 인간학을 드러낸다. 그 고유성을 이해하려면 '본성'이라는 개념 사용과 관련된 임홍빈의 전제부터 살펴보아야 할 것이다.

> 본성이나 자연이란 개념 자체는 이 개념을 보편적 맥락에서 사용하는 의미들의 질서, 형이상학 등에 의해 이미 항상 해석된 것이다. 즉 인간 정신의 사실성과 해석 사이에는 일련의 내재적인 매개의 과정이 개입한다. 이론적인 개념이나 범주들 역시 그 의미와 사용의 맥락 자체가 역사적으로 규정된다는 전제하에서 비로소 이해될 수 있다.[1]

달리 말하면 임홍빈은 인간의 본성은 그가 속한 '언어 공동체', 그리고 그 언어 공동체의 '역사성'을 이해할 때 해명될 수 있다고 생각한다.[2] 그는 본성의 이러한 특징을 받아들이지 못한 과거 독단론의 한계를 지적한 후, 인간의 본성을 '비극'과 '사건'이라는 범주를 통해 설명하고자 한다.

1) 비극적인 존재

오래전부터 임홍빈은 고대 그리스의 비극에 관심을 가져왔으며, 인간 이해의 실마리로 삼았다. 그에 따르면 "비극이란 운명의 필연에 대한 인식에서 주체적 의식이 탄생했는가를 보여 주는 것이자, 규범의식의 형성 과정을 말해 주는 지표"다.[3] 그의 이러한 비극 이해 방식은 《정신현상학》에 등장하는 〈안티고네〉 해석에서 그 전조를 찾을 수 있다. 주지하다시피 헤겔은 인간의 의식 발전을 설명하고자 안티고네를 예시로 활용한다. 요약하면 안티고네는 인간의 법과 신의 법 사이에서 갈등하는 존재이며, 인간의 삶에서 규범의 발생과 내면화의 과정을 대변한다. 헤겔은 안티고네가 겪는 갈등을 인간의 삶에서 개별과 보편이 대립하는 여러 양상 중 하나로 해석한다. 그러나 임홍빈은 헤겔의 해석을 있는 그대로 받아들이지 않는다.

---

1 임홍빈, 《수치심과 죄의식》(바다출판사, 2013), 349.

2 임홍빈에 따르면 "인간의 역사는 세계의 무의미함과 고립, 자유와 귀속감의 긴장을 해결하거나 해소하려는 집요한 노력의 소산이다". 임홍빈, 《수치심과 죄의식》, 342.

3 임홍빈, 〈인륜성과 죄의식〉, 《헤겔연구》(한국헤겔학회) 30호(2011), 176 참조.

임홍빈은 헤겔과 달리 〈안티고네〉를 인륜에 이르는 목적론적 과정의 한 계기가 아니라 인간이 피해갈 수 없는 원초적 쟁점으로 이해한다. 그는 비극을 인간이 처한 본질적인 그러나 해소할 수 없는 분열을 표출하는 것으로 받아들이며, 이러한 비극 속에서 빚어지는 희생과 부정을 통해서만 정신이 형성된다고 주장한다.[4] 그에게 철학이란 비극적인 상황에 대한 인간의 다양한 정신적 대응 중 하나일 뿐이다. 임홍빈의 이야기를 좀 더 들어보자.

> 비극적 죄가 성립하는 계기 자체는 (…) 인륜적 정신 자체의 자기 분열이다. (…) 비극의 두 계기는 한 마디로 정당한 가치관들 간의 충돌이다. 이로써 비극적 인식은 궁극적으로 인륜 공동체의 정체성의 위기를 반영한다. 비극은 본질적으로 개인의 차원을 넘어서는 사례다. (…) (그런데 비극에 대한) **헤겔식의 해석은 모두 본질을 벗어나 근대적인 문제의식을 투영한 것일 뿐이다.**[5]

인용문에 강조했듯이 임홍빈은 비극 해석에 있어 헤겔과 선을 긋는다. 헤겔은 자기 시대에 비극을 만들어내는 분열에서 벗어날 수 있다고 낙관했다면, 임홍빈은 그러한 낙관을 헛된 기대로 받아들인다. 그에게 인간이란 원초적으로 비극적인 상황에서 벗어날 수 없는 존재

---

4 임홍빈, 《수치심과 죄의식》, 59.

5 위의 책, 62-63. 괄호와 강조는 필자, 본문 일부 수정.

인 것이다.

2) 사건으로서의 인간

임홍빈의 또 다른 인간 규정은 '사건으로서의 인간'이라는 규정에서 찾을 수 있다. 그는《수치심과 죄의식》에서 기존의 철학적 인간학을 다음과 같이 비판한다.

> 철학적 인간학이 주체와 객체의 이원론에 의존하는 한 인간에 대한 물음은 순환 논변의 한계를 벗어날 수 없게 된다. 인간학은 인간을 객관화하여 관찰할 수 있는 대상으로 전제하는데, 이와 같은 방법적 태도는 인간이란 특이한 존재자에게는 허용되지 않는다.[6]

그렇다면 임홍빈은 인간을 어떤 특이한 존재로 바라보는가? 그는 인간을 '자기 준거'적인 존재로 이해할 것을 제안한다. 왜냐하면 "인간의 사유와 의식, 언어는 모두 자기 준거적인 질서에 의해서 이해될 필요"가 있기 때문이다.[7] 자기 준거적이란 수식은 헤겔의 철학적 방법을 반영하는 것으로, 그 의미는 다음과 같다.

> 자기 준거적인 사태는 의식의 구조로 그리고 자아가 세계와 맺는

---

6 위위 책, 352.

7 위의 책.

관계의 근원적인 가능성으로 간주된다. 인간적 자기 준거의 구조는 인간 존재가 사유와 의식의 대상으로 혹은 대상과 분리된 주체로서가 아닌, 체화된 자기 관계의 존재라는 사실을 일깨워 준다.[8]

임홍빈에 따르면 인간은 주객의 이원적 대립 구도를 통해서 이해할 수 없는 존재다. 인간은 관계들 속에서만 존재하며, 그 관계들 속에서 자신을 주체이자 객체로 스스로 상정하는 독특한 존재 방식을 갖기 때문이다. 임홍빈은 이러한 자기 준거성에서 인간을 사건으로서 이해해야 하는 근거를 찾는다. 그가 말하는 '사건으로서의 인간'의 의미는 다음과 같다.

> 인간의 의식과 정서, 욕망과 충동 등은 모두 이미 진행된 자연과 역사의 사건으로 성립한다. 사건으로서의 인간 존재는 사실상 개인에게 알려지지 않은 존재의 선물이거나 스스로가 원하지 않았던 사태다.[9]

이러한 인간 규정은 현대 실존주의를 연상시킨다. 실지로 임홍빈은 헤겔과 하이데거가 사건으로서의 인간 규정을 선취한 철학자라고 주장한다.[10] 이러한 평가의 전초는 그의 〈사변적 정신과 욕망〉과 같

8 위의 책, 341. 원문 부분 수정.

9 위의 책, 340.

은 논문에서도 찾을 수 있다. 이 논문에서 그는 헤겔의 인간관이 "정신적 총체성의 인식에 근거해서 욕망과 사유, 육체와 정신, 감성과 이성 등의 분절적 규정들이 본질적으로 연계되어" 있음을 보여 준다고 지적한다.[11] 그러나 임홍빈은 "분절적 규정의 본질적 연계"를 목적론인 과정으로 설명하는 헤겔을 받아들이지 않는다. 그 대신 그는 인간의 "근원적 불안정성"과 "사건"의 측면을 강하게 부각시킨다. 그리고 그는 "보편의 얼굴을 한 이성"으로, 이는 "통일적인 세계의 이해를 향한 열망이자, 전체에로의 의지"를 보여 주는 헤겔 철학을 근원적 불안정성이 만들어 낸 결과물 중 하나로 상정한다.[12] 이러한 태도는 다음의 주장에서 명확하게 드러난다.

> 우주적인 힘들의 유희 속에서 우리가 느끼는 근원적 불안정성은 상징과 제도를 통해서 무언가를 구축해야 한다는 건축술적 이성의 충동을 가능케 하는 끊임없는 원천이다.[13]

임홍빈에 따르면 인간은 '근원적 불안정성'에서 벗어날 수 없다. 인식의 확실성을 보장받으려는 철학자들도 예외일 수 없다. 이러한 사

10 "(헤겔이나 하이데거가 보여주는) 원환구조에 대한 확실한 관심은 인간의 자기 이해와 세계에 대한 이해가 궁극적으로 분리될 수 없다는 전제에서 비롯한다." 위의 책, 352. 괄호는 필자, 원문 부분 수정.

11 임홍빈, 〈사변적 정신과 욕망의 문제〉, 《철학》(한국철학회) 93호(2007), 154 참조.

12 임홍빈, 《수치심과 죄의식》, 243 참조.

13 위의 책, 242.

실을 이해하지 못한 채 주객을 분리하고 거기서 진리를 외치던 철학자들은 독단에 빠질 수밖에 없다.

이처럼 사건으로서 인간을 이해해야 한다는 임홍빈의 인간관은 인간을 상황에 따라 이해해야 한다는 상대주의를 상기시킨다. 그런데 임홍빈은 헤겔 철학과 독특한 줄다리기를 통해 상대주의에서 벗어나고자 한다. 즉 그는 헤겔의 목적론은 받아들이지 않지만, 헤겔이 전제하는 정신과 그 보편적 운동 원리의 실재를 수용하는 방식으로 인간의 본성을 해명하는 전략을 취한다.

2 실천철학

임홍빈은 명시적으로 자신의 실천철학적인 입장이나 지향성을 제시하지 않는다. 실천철학과 관련된 그의 관심은 주로 근대의 다양한 실천철학이 보이는 허구성과 미완결성을 비판하는 것에 그 중심이 놓여 있다. 앞서 언급했던 인간학적 전제, 즉 비극으로 예증되는 원초적 분열의 극복 문제와 근대 정치 이념에 대한 비판을 중심으로 임홍빈의 실천철학적인 문제의식을 살펴보자.

1) 비극적 상황의 극복

임홍빈은 인간이 처한 비극적 상황을 근대적인 기획이 극복할 수 있다는 믿음에 의구심을 던진다. 이러한 의구심은 헤겔의 실천철학과 연관된 그의 글들에 깊게 새겨져 있다. 예를 들어 〈인륜성과 죄의식〉과 같은 논문은 그가 실천철학적으로 헤겔을 어떻게 이해하는가를 잘 보여준다. 실천철학적으로 헤겔의 일관된 관심은 근대적 삶이 만들어내는 분열을 극복하는 것이었다. 그런데 그 극복 방법에 있어, 물론 해석의 지평은 열려 있지만, 헤겔의 초기 입장과 후기 입장은 다른 양상을 보인다. 초기의 헤겔은 삶의 통합적인 이해의 가능성을 사랑과 화해에서 찾는다. 반면 《법철학 강의》와 같은 후기 저작에서 헤겔은 "보편적이면서 포괄적인 법적 질서의 제도화를 통해서 스스로의 초기 입장과 구별되는 '근대적인' 의식에 충실한 모습을 보여 준다".[14] 임홍빈은 헤겔 초기의 극복 방법에 주목한다. 왜냐하면 후기의 헤겔은 근대적인 "규범세계의 결함을 성공적으로 지양, 극복할 수 없기" 때문이다.[15] 임홍빈이 보기에 후기의 헤겔이 제시하는 방법은 인간이 처한 원초적인 분열의 상황을 무시하는 방식으로 작동할 뿐이다. 인간은 분열이 만들어내는 비극적 상황을 피할 수 없는 존재다. 계몽주의와 같은 근대적인 의식은 이러한 운명을 극복할 수 있다고 믿을 뿐 궁극적으로 극복할 수 없다. 그가 초기의 헤겔이 제시했던 사랑과 화해의 계기들을 주목하는 이유는 그러한 계기들을 통해서만 비극적인 운명이 적절하게 다루어질 수 있다고 생각하기 때문이다.

14 임홍빈, 〈인륜성과 죄의식〉, 186.

15 위의 글, 186 참조.

임홍빈은 분열을 극복한 상태를, 초기 헤겔의 문제의식과 개념을 빌려와, 다음과 같이 묘사한다.

> 희생과 참회, 희구(Sehnsucht) 등의 모든 '의식'은 단순한 외면적인 행위나 형식적인 절차가 아닌 삶의 전환, "깊은 영혼으로부터 자신과 다시 통일되는 것"이다.[16]

희생이나 참회와 같은 정서 또한 비극적 운명의 자각과 맞물려 있다. 그래서 임홍빈은 우리가 타자와 화해하고 삶의 통일성을 확보할 수 있는 실마리는 이성이 아니라 분열 혹은 비극을 기원으로 하는 정서라고 말한다. 달리 말해 인간이 삶의 분열을 넘어서기 위해서는 (운명과 관련되기에 종교적인 색채를 띠는) 사랑과 화해와 같은 정서적 통일의 체험이 요구된다.[17] 이러한 임홍빈의 관점은, 헤겔의 초기 이론을 종교적이고 신비적이라고 비판하며 헤겔의 실천철학적인 가치를 인정에서 찾는 현대 학자들과 분명히 다른 길을 모색하는 것이다.

그렇다면 임홍빈은 사랑과 화해를 근대 혹은 현대 사회의 분열을 극복할 수 있는 유일한 방법이라고 생각하는 것일까? 임홍빈의 입장은 단순하지 않다. 그는 그러한 체험의 일반화, 즉 모든 인간이 이러한 체험을 삶의 일부로 받아들이는 것이 불가능하다고 주장한다. 그리

---

16 위의 글, 184.

17 위의 글, 187 참조.

고 이러한 주장은 간접적이지만 임홍빈이 니체에 관심을 가진 이유를 알려준다. 그가 후기의 헤겔이 제시한 방식으로 실질적인 인륜성이 실현될 수 없다는 진단했을 때, 그리고 인간이라는 존재의 원초적인 삶의 조건으로 분열이라는 비극적 상황을 전제했을 때, 그의 니체에 관한 관심은 자연스러워 보인다. 인간의 원초적 조건에 대한 임홍빈의 문제의식은 니체의 근대성 진단과 궤를 같이한다. 그러나 임홍빈은 니체적인 것, 즉 초인 혹은 삶에 대한 무한 긍정과 같은 태도를 우리가 취할 수 있는 최선의 선택이라고 생각하지 않는다. 그에게 니체의 철학은 사건으로서의 인간이 가지는 역사성과 자기 준거적 성격을 제대로 담보하지 못하는 한계를 노정하기 때문이다. 이런 측면에서 임홍빈은 니체보다 비극이라는 실존적 상황에 더 깊게 침잠한다고 말할 수 있다. 그리고 그는 현대 사회에서 비극적인 상황의 극복은 더 요원해졌다고 진단한다. 그가 보기에 "현대 사회에서 개인은 더 이상 비극을 체험하지 못하고 기억할 뿐이다".[18] 비극을 체험하지 못한 개인은 참된 화해에 도달할 수 없으며, 인륜성은 실현될 수 없는 이념으로 남을 수밖에 없다. 우리는 초기 헤겔에게서 발견했던 사랑과 화해가 그 효과를 발휘할 수 없는 시대를 살아가는 것이다. 그러나 임홍빈이 이 시대를 비관한다고 단정하기도 어렵다. 이처럼 낙관도 비관도 명시적으로 표명하지 않는 글

18 임홍빈에 따르면 "비극 이후의 세계가 세계화의 참된 얼굴이다. 이제 존재론적 죄의 관념이나 운명의 필연, 비극적 인식은 역사의 기억으로만 남게 된다". 임홍빈, 《수치심과 죄의식》, 365.

쓰기 방식에서 추측컨대 임홍빈은 고대 그리스적인 영웅의 삶을, 즉 비극적인 운명을 거부하지 않고 끌어안는 삶을 지향하는 것처럼 보인다.

2) 근대 정치 이념의 한계

임홍빈은 말한다. 어떤 이데올로기를 평가할 때, 비록 그것이 "일차원적 차원의 규범적인 당위론이나 도덕주의의 차원"의 정당성을 갖더라도, 그 "타당성에 대한 메타적 반성이 최소한 선결"되어야 한다고.[19] 이러한 메타적 반성과 비극을 기반으로 하는 임홍빈의 철학은 민주주의나 마르크시즘과 같은 근대의 정치 이념을 회의하는 특징을 보인다. 민주주의라는 정치체제의 한계는 이미 고대 그리스 때부터 감지되었고 지금도 논의되고 있다. 넓은 의미에서 민주주의의 이념은 타자와 공존할 수 있는 보편적인 개인을 통해서만 실현될 수 있다. 헤겔은 자기 시대 보편적인 개인의 등장을 예고했지만 자기 시대 민주주의 정치체제를 신뢰하지 않았다. 임홍빈은《미학 강의》의 일부 구절을 인용함으로써 민주주의에 대한 헤겔의 우려를 일부 공유한다.

> 민주주의적 민족이 자신만의 이익을 탐하고 시민들과 투쟁하기를 일삼고 경솔하며 떠벌리기 좋아하며 믿음과 인식이 결여된 상태에서 말이 많고 뻐기기를 좋아하며 동시에 자만심에 가득할 때, 그

---

19 임홍빈에 따르면, "이데올로기 비판 자체가 독단론일 수 있다". 임홍빈, 〈'이데올로기 비판'의 비판적 재구성〉, 《범한철학》(범한철학회) 84호(2017), 85.

> 런 민족은 어떻게 도울 방도가 전혀 없다. 그 민족은 스스로의 어리석음에 의해 자멸한다.[20]

헤겔이 지향하는 실질적인 인륜성은 상호 인정에 도달한 자립적인 개인들에 의해 실현된다. 헤겔이 다양한 대립과 갈등의 역사를 통해 개인의 의식이 성장한다는 목적론적 낙관에 의존한다면, 임홍빈은 이러한 낙관에 의심의 시선을 던진다고 말할 수 있다. 물론 이러한 의구심은 위에 살펴본 그의 고유한 인간관을 떠올린다면 쉽게 납득될 수 있다.

임홍빈의 의구심은 마르크시즘을 논할 때도 풀리지 않는다. 그는 마르크스의《독일 이데올로기 비판》을 다루는 글에서 말한다.

> 모든 환상이나 허위, 망상으로부터 해방된 '믿음'이 집단적 의식의 수준에서 성립할 수 있는가의 여부가 규명되지 않는 한, '이데올로기 비판' 자체가 지속적인 비판의 대상으로 선정될 위험에 처하게 된다.[21]

여기서 임홍빈은 개인의 다양한 특성과 환경에 의존하지 않는 보편적 믿음의 성립과 집단적 공유의 실현 가능성을 묻고 있다. 그리고

---

20 임홍빈,《수치심과 죄의식》, 324.

21 임홍빈, 〈'이데올로기 비판'의 비판적 재구성〉, 83-84,

그는 그 가능성에 대한 믿음을 다음과 같이 거부한다.

> (…) 여타의 정치적 이데올로기들이 하나의 동일한 정체성을 주장할 수 있다는 동일성의 원리에 대한 믿음은 그 자체가 의심스러운 형이상학적 전제하에서만 성립한다. 이 지점에서 우리는 여러 유형의 순수주의나 이성적 합리주의에 대한 맹신이 어떻게 새로운 우상이자 이데올로기로 변신할 수 있는지를 가늠하게 된다.[22]

임홍빈에 따르면 동일성의 원리를 전제하는 형이상학에 의존하는 한 어떠한 정치적 이데올로기도 자기 내적 비판에서 자유로울 수 없다. 그리고 그는 결론적으로 마르크스의 주장 또한 "오늘날 별로 설득력이 없는 목적론적 역사 철학의 전제들에 의존"[23]하며 "유령과 같은 존재론적 모호함"으로 유지된다고 비판한다.[24]

이제까지 살펴보았듯이 임홍빈에 따르면 그 어떤 실천철학도 이론적으로 그 타당성을 증명할 수 없기에 그것이 제시하는 실천적인 목표 또한 의심스러운 것이 된다. 그에게 삶은 동일한 가치들이 경합하는 비극의 현장이며 이 때문에 어떤 가치도 타인에게 강요할 정도의 정당성을 가질 수 없다.

---

22 위의 글, 101–102. 원문 부분 수정.

23 위의 글, 91.

24 위의 글, 104.

III

이제까지 임홍빈의 철학적 인간학과 실천철학은 서로 대립하는 것처럼 보이는 헤겔적인 사변과 니체적인 저항과 열정을 바탕으로 하고 있음을 살펴보았다. 그의 글은 자기반성이라는 무기로, 인간의 근원적인 불안정성과 겨루며 얻어 낸 영광과 상처의 흔적들이라고 말할 수 있다. 그는 그 어떤 이론도 포착하지 못한 원초적인 분열에 침잠하였고, 인간의 삶을 이성의 획일적인 좌표 속에서 이해하려는 모든 시도를 단호히 거부하는 자유를 추구했다. 그래서 그의 철학은, 도식적인 선악의 대립 구도를 넘어서는 니체의 '어린아이'와 비극적인 상황을 기꺼이 그리고 묵묵히 견뎌 내는 고대 그리스적 영웅의 삶을 동시에 연상시키는 매력을 가진다.

사건으로서의 인간 존재

임 홍 빈

소병일의 논평은 내 입장을 보다 내재적인 관점에서 이해하고 비판한 것으로 생각된다. 이 논평을 통해서 나는 스스로의 작업이 어떠한 연속성 속에서 전개되었는지 알게 되었는데, 이는 다소간 뜻밖의 사실이다. 비록 내가 해석학에서 회자되는 주장들, 가령 플라톤의 텍스트에 대한 해석을 통해서 플라톤 스스로 감지하지 못했던 사태들이 드러난다거나, 해석학이나 '해체주의(deconstructionism)'에서 슬로건으로 내세운 '무한 해석'에 대해 전적으로 신뢰하지는 않지만, 소병일의 논평은 해석이란 원래 항상 '달리 이해'하려는 시도로 간주되어야 한다는 가다머(H.-G. Gadamer)의 주장을 되새기게 만들었다. 여하튼 '철학적 쟁점들에 대한 이유들과 근거들을 주고받는(giving and asking for reasons)' 철학함의 방식은 다양할 수 있다고 여겨진다.

논평의 마지막 부분, '근대 정치 이념의 한계'(이 책, 84)에서 소병일은 내가 "민주주의나 마르크시즘과 근대의 정치 이념을 회의하는 특징을 보인다"고 언급하는데, 먼저 이에 대해 간략하게 설명할 필요가 있을 것이다. 현실 속에서 구체화된 '민주주의'의 양태들에 대해 회의적인 것은 비단 나만이 아닐 것이다. 나는 이 불만을 양대종의 논평에 대한 응답에서 보다 본격적으로 서술했다. 민주주의 자체가 '보편적 인권의 이념'(이에 대해 다음 문헌을 참조: 임홍빈, 《인권의 이념과 아시아 가치론》, 아연출판부, 2003)과 법치주의, 삼권분립에 의해서 비로소 그 제도적 기반을 구축한다고 하더라도, 그 실효성은 오직 성숙한 정치 문화에 의해서 보장된다. 제도들은 정치 문화란 이름의 거대한 바다에 떠 있는 섬과 같다고 비유할 수 있다. 따라서 제도들에 대한 이해와 함께 '정치적 인간학'이 요구되는데, 그중에서도 나는 집단심리, 혹은 군중 심리학이 결정적인 중요성을 지닌다고 생각한다. 오직 이를 통해서 현재 우리가 목격하고 있는 선동주의(populism)나 권위주의로의 회귀와 같은 퇴행적인 현상이 설명되기 때문이다. 합리적 이성보다 정서에 뿌리를 둔 연고주의와 집단주의가 도덕주의적 배타성과 결합해서 정치만이 아닌 문화 전반의 퇴행을 초래하게 되는 것이다.

지식사회 역시 편향성 내지 당파성에서 헤어나지 못하게 되면 사실에 대한 분석적 태도는 자취를 감추고 성숙한 양식은 질식당하게 된다. 더구나 성급한 도덕주의에 기댄 당위론으로 인해, 지식인 집단 역시 반이성적일 수밖에 없는 정서 경제의 소용돌이에 휘말리게 되는 것이다. 온전한 판단력이나 관용과 같은 문명인으로서의 자질이 '제2

의 자연'으로 체화되지 못한 채, 급격하게 근대화의 과정과 자본주의 질서에 편입된 사회일수록 이러한 문화적 퇴행은 더 큰 반동적인 효과를 불러일으킨다.

문화는 이미지나 상징이 아닌, 오직 근거들, 즉 이유들을 주고, 받는 '이성의 공간'이 실질적으로 작동하는가의 여부에 의해서 성장하거나 퇴보한다.[1]

그것은 하나의 물음으로 집약된다. 인간이 스스로의 존재에 대해 묻는다는 것은 도대체 무엇을 의미하는가? 이 물음은 인간을 생명체의 일반적인 특성에 의거해 분류하는 생물학적 인간관이나, 혹은 사회정치적인 존재로서의 인간의 역할에 대한 물음에 선행되어야 한다. 인간이란 존재의 정체성 자체를 기술공학적으로 변형시킬 수 있는 시대에서 오히려 이 물음은 더 긴박해진다. 즉 고전적인 표현이지만, 인간을 '영원의 관점하에서(sub specie aeternitatis)' 관찰하고 이해하려는 시도는 인간에 대한 개별 과학의 이러저러한 분석에 앞서 수행되어야 할 필요가 있다는 것이다.

1 이에 대한 보다 자세한 논의는 이 책의 졸고 〈왜 인간은 '종족주의', 즉 '무리 본능'을 극복하기 어려운가?〉로 미루고 나는 여기서 좀더 근본적인 물음에 집중할 생각이다.

1 인간학적 자기규정의 순환적 구조

순환적 구조는 다시 말해 인간의 정체성에 대한 물음 자체가 그 어떤 절대적인 토대나 확고부동의 원리에 의거해서 규명될 수 없음을 말한다. 피론주의를 통해서 알려진 트릴레마로부터의 도피가 불가능할수록 스스로에게 알려진 믿음과 생각들 사이의 정합적인 질서를 구축하는 과제가 우선적으로 제시되지만, 그렇게 구축된 이 질서는 영원할 수 없다. 질서들은 자신의 주변부나 한복판에서 발생하는 경험적인 사태들, 즉 새로운 인식에 의한 조정과 변화의 가능성에 의해서 지속적으로 도전받기 때문이다.

나는 이제 인간이란 존재가 하나의 사건으로 이해되어야 하는지 말할 것이다. 우리가 의식을 지닌 존재로서 스스로 어떠한 존재인지를 명확하게 설명할 수 있는가의 물음은 문명이란 이름에 상응하는 모든 공동체에서 발견된다. 다시 말해 자기 정체성에 대한 물음은 개별 문명과 사회를 초월하는 보편적인 물음이다. 이는 인간학적 물음이 형이상학적 사유와 긴밀하게 연관되어 있음을 가리키는 하나의 징표이기도 하다. 그러나 이 같은 물음이 모두 동일한 매체와 상징에 의해서 전개되지는 않는다. 오직 철학만이 이 같은 물음에 대해 유일한 권위를 지니고 그 해답을 제공한다는 오만은 성립하지 않는다. 실제로 우리가 목격하는 종교와 예술, 신화, 그리고 무엇보다 과학은 개념적 질서에 의존하는 철학과는 다른 방식을 통한 인간적 자기 이해의 가능성들로서 실재한다.

한 철학자의 주장이나 이론이 보이는 특성은 종종 그의 '인간학적인 전제들'과 무관하지 않다. 그러나 이 관계 자체가 항상 뚜렷하게 의식되거나 자신의 철학적 이론을 전개하는 과정에서 사전에 검토되리라는 보장은 없다. 나의 이 같은 주장이 결코 과장이 아니라는 것은, 인간이란 존재를 초월적인 그 무엇, 즉 절대적인 것과의 관계 속에서 이해하려는 시도들이 자연스럽게 받아들여지는 철학과 이를 부정하는 철학—후자는 유교를 비롯한 동아시아의 지적 전통들이나 자연주의를 표방하는 대부분의 서구적 사유에서 발견된다—사이에 가로 놓인 괴리를 떠올리면 분명해질 것이다.

인간의 본질을 이해하려는 시도는 문명사회의 보편적 특징이기도 하다. 다만 서구에서 인간 이해는 자연의 사물에 대한 '분석적이며, 개념적인 범주들의 체계'를 구축하려는 시도들과 분리될 수 없었던 반면에, 대부분의 동아시아의 전통하에서는 전체로서의 자연에 대한 해석과의 통합 가능성이 중심에 설정된다. 그 결과 후자의 경우 은유적인 언어나 암시적인 상징, 유추 해석이 적극적으로 활용된다. 흔히 여기서도 디지털과 아날로그의 대비는 크게 보아 틀린 것이 아니다.

심지어 고대 그리스 자연철학의 근본적인 구별인, 변화하는 것과 변화하지 않는 것의 차이는 후에 하이데거의 유명한 '존재론적 차이'에 앞서 심리학, 즉 정신 철학과 물리학, 신학의 학문적 분류의 기준으로 설정된다. 나아가서 이 같은 분류는 '로고스'의 공간을 존재와 본질, 개념의 세 차원으로 구별하는 헤겔의 형이상학에서도 반복된다. 그것은 주체와 객체, 존재와 사유의 이원론적 구별을 존재와 '존재의 사유', 그리고 '사유의 사유'로 확장한 이론적 자기 수정으로 간주된다. '로고스'의 자기-준거적 질서를 구축한 헤겔의 형이상학 역시 서구적 사유의 연장선상에 놓여 있는 것이다. 그 전체적인 구도는 — 파르메니데스에서 플라톤에 이르는 기본 구도인, — 변하는 것과 변하지 않는 것의 구별이나, — 아리스토텔레스에서 비롯하는 — 원리적인 보편성과 특수성, 개별성의 개념적 추론이 지니는 설명력에 대한 확신에 바탕하고 있다.

인간의 본질 역시 《논리학의 학》에서 아리스토텔레스의 전통에 따라서 '사유하는 존재'로 규정되어 있으며, 그 로고스적 질서는 '원환들의 원환'[2]이라는 자기 준거적인 질서들의 연관으로 서술된다. 헤겔이 인간 정신의 논리적 차원을 서술하면서, 추론의 나아감과 되돌아감이 결국 하나의 원환(circle)적 사태라고 주장한 것은, 인간 정신이 근본적으로 자기-준거적 질서라는 존재론적 사태를 구현하고 있음을 가리킨다. 그러나 자연과학의 약진은 이와 같은 형이상학적이거나 합리론적 인간관을 시대착오적인 발상으로 간주하도록 만들기에 충분해 보인다. 과연 정신에 대한 자연주의적 관점은 중첩된 자기-준거의 질서들로 간주되는 인간 존재를 온전하게 대체할 수 있는가?

---

2 G. W. F. Hegel, *Wissenchaft der Logik*, in *Werke* 6(Frankfurt am Main: Suhrkamp, 1979), 571.

모든 개별 인간은 하나의 사건이다. 종교적인 표현을 빌리면 모든 개별자들은 존재의 '은총'이다. 비록 그 자신이 스스로 원한 결과는 아니지만, 인간이 특정한 시공간에서 개별자로 존재한다는 것은 경험적 사실이기에 앞서 하나의 사건이다. 존재 자체가 등장하기 전에는 전혀 생각조차 할 수 없는 예외적인 사건은 어떠한 방식으로 서술되는 것이 적절한가? 그것은 자연적 사물들의 이해에 동원되는 언어와 동일한가? 주어와 술어, 주체와 객체의 관계에 적합한 술어적 판단의 형식은 과연 자기-준거의 질서에 상응하는 표현의 틀일 수 있는가? 인간 존재의 실재는 그 어떤 계량화(quantification)를 궁극적인 목표로 설정한 기호나 실증적 언어 체계에 의해서 포착될 수 있는가?.

신화나 종교의 배경을 전제하지 않더라도, 인간의 근원적인 체험에 이미 '우주론적인 불안'으로 명명할 수 있는 물음, 즉 자신의 존재 자체에 대한 물음은 상징이나 언어를 통한 자기 이해에 항상 수반된다. 세계의 의미, 혹은 무의미에 대한 이해는 우리가 마주하거나 스스로 놓여 있는 실재 세계 자체가 하나의 절대적인 사태로 간주될 수 있음을 뜻한다. 궁극적으로 과학이나 기술, 국가, 종교 등은 모두 절대적 사태로 마주하게 된 세계의 '무관심성'에 대한 도전적인 반응의 결과물들이다. 이 과정에서 인간 정신의 건축술적인, 즉 구성에 대한 집요한 동기들이 작용한다. 세계의 무관심성에 대한 반응은 '의미'의 발견을 통한 존재의 확인으로 드러난다. 그것은 이미 '무(nothingness)'로부터의 도피로 간주될 만하다. 후에 허무주의(nihilism)로 명명된 이 같은 태도의 배경을 니체는 다음과 같이 묘사한다.

> 짧은 비극은 결국 항상 현존재의 영원한 희극으로 되돌아갔다. 그리고 아이스퀼로스와 함께 말할 수 있는 것은 셀 수 없는 경멸의 웃음이 파도처럼 밀려든다는 것이다. (…) 인간은 점차로 환상적인 동물이 되어갔다. 인간은 스스로 존재할 수 있기 위해서 다른 모든 동물과 다른 조건이 하나 더 필요했다. 인간은 때때로 자신이 왜 존재해야만 하는지 믿어야만 한다. 인류는 자신의 삶에 대한 주기적인 믿음이 없는 한 존재할 수 없는 것이다.[3]

만약 무의미에 대한 근원적 체험이 선행하지 않는다면, 모든 문화 현상에 대한 이해는 피상적일 수 있다. 상징이라는 공간 속에 정신이 거주하게 되면서 인간은 자신이 처한 우주적 차원의 '상실감'을 넘어서려고 시도한다. 그것은 신화와 종교, 그리고 과학의 초기적 시도들에서 가시화된다. 이를 통해 인간은 보다 확실한 자기 관계를 정립할 수 있으리라 기대하는 것이다. 젊은 시절의 니체 역시 인간이 어떻게 무의미한 세계로부터 의미를 창출하는지에 대해 묻고 있다.

무수히 많은 태양계들이 넘치도록 반짝이는 우주의 어느 한 귀퉁

---

3 F. Nietzsche, *Fröhliche Wissenschaft*, Erstes Buch 1, in *Kritische Studienausgabe 3*(Berlin, de Gruyter, 1999), 372.

이에 언젠가 한 별이 있었으며, 그 위에 살고 있는 영리한 동물은 인식이라는 것을 창안해 냈다. 그 순간은 '세계의 역사'에서 가장 용감하고 가장 불확실한 순간이었다. 그러나 그것은 단지 일순간에 지나지 않았다. 자연이 약간의 가쁜 숨을 몰아쉬자 그 별은 경직되기 시작했으며, 영리한 동물들은 죽어야만 했다. (…) 인간이 아예 존재하지도 않았던 영원들이 있었으며, 그가 존재했던 순간이 지나자, 그 존재는 더 이상 등장하지도 않았다.[4]

니체와 유사한 생각이 그가 한때 스승으로 사사했던 쇼펜하우어에게서도 발견되는 것은 놀라운 일이 아니다. 《의지와 표상으로서의 세계》에서 그는 희화적인 언어로 인간 존재의 상황을 표현한다.

무한한 공간 안에 수없이 반짝이는 둥그런 구체들이 자신들의 주위에 보다 작고 빛을 받아 번쩍이는 한 다스 정도의 회전하고 있는 위성들을 거느리고 있는데, 이 별들의 내부는 뜨겁지만 외피는 딱딱하고 차가운 표피로 둘러싸여 있다. 그 별은 곰팡이의 껍데기 같지만, 살아있으며 인식도 할 수 있는 존재를 만들어 냈다.[5]

---

4 F. Nietzsche, *Über Wahrheit und Lüge im aussermoralischen Sinne*, in *Kritische Studienausgabe 1*, 875.

5 A. Schopenhauer, *Die Welt als Wille und Vorstellung* II, Erster Teilband, Kapitel I, in *Zürcher Ausgabe: Werke in zehn Bänden*, Band III(Zürich: Diogenes, 1977),9.

쇼펜하우어는 이어서 인간 자신이 어디서 와서, 어디로 가는지 모른다는 사실이 버클리와 칸트의 관념론을 태동하게 만들었다고 해석한다. 우주적 관점에서 본 인간 존재의 왜소함과 자연의 무관심성에 대한 쇼펜하우어의 이해는 형이상학적 욕구의 기원에 대한 물음으로 이어진다. '진리에 대한 의무'를 지닌 철학의 정체성은 형이상학적 불안을 떠나서 이해될 수 없다. 우주적 고독과 자연의 '우연한' 계기로 등장한 인간 존재의 무의미성에 대한 체험은 비관적 염세주의를 관통한다.

허무주의의 극복과 니체의 자연주의는 무관한가? 니체의 자연주의적 관점은 개인적 수준에서는 물론 집단적 정서의 차원에서 작용하는 심리 세계의 내적 힘들과 그 발생사적 형성 과정에 대해 일관된 해석을 추구한다. 소크라테스에서 오늘의 철학에 이르는 자기 인식의 여정에서 니체 역시 계몽적 역할을 수행하고 있는 것이다. 그러나 내가 생각하기에 그의 작업은 상당 부분 비완의 상태에 놓여 있다. 이와 같은 불확실성은 니체의 상충되는 주장들에 기댄 포스트모더니스트들의 일탈을 부추기는 경향이 있다.

나는 〈도덕 외적인 의미에서 진리와 거짓〉이란 제목의 에세이가 대표적으로 이들에 의해 오용된 경우라고 생각한다. 니체가 출판도 하지 않았던 이 초기의 습작이 포스트모더니즘의 무정부주의적인 기호 이론을 뒷받침하게 된 것은 거의 코미디에 가깝다. '진리를 한 덩어리의 메타포'로 묘사하고 있는 이 글은 현란한 문체와 암시적인 비유들로 뒤섞여 오해의 온상이 될 여지가 충분하다. 그래서 진리가 은유 이상의 어떤 본질을 서술하고 있지 못한다는 자가당착에 해당하는 주장은 지적인 엄격성이나 진정성을 뒤로하고 참과 거짓의 구별 자체를 맥락주의에 근거해 해체하려는 이들의 의도에 부합된다. 니체의 지칠 줄 모르는 탐색의 여정은 여러 실험적인 사유의 과정을 거치면서 해석학의 단초와 자연주의, 의지의 형이상학 등의 다양한 면모를 보이는데, 이는 모두 그의 사상적 성장 과정의 이정표들이다. 특히 형이상학적 이원론이나 이성 중심의 인간학에 대한 비판은 미래 철학의 중요한 척도로 간주된다.

인간은 더 이상 세계나 우주, 혹은 자연의 중심일 수 없다. 인간 존재가 비극과 희극이 되풀이되는 유희인 한에서 우리에게는 오직 쇼펜하우어의 염세주의와 영웅적 허무주의의 두 가지 대안만이 남아 있는 것처럼 여겨진다. 존재의 위계질서가 붕괴되었다는 것은 인간의 본질이나 본성에 대한 물음 자체가 무의미하다는 것이다. 니체의 자연주의는 이 지점에서 가장 극적인 형태로 가시화된다. '본질'이나 '본성'이란 개념을 사용하는 것이 허용되는가? 인간성의 조건들은 단지 특정한 문화의 맥락 안에서 '객관적인 정신'과 조응하고 있을 뿐인가? 언어나 상징 역시 어떤 고정된 실체가 아니다. 그러므로 인간과 문화, 인간과 언어의 관계는 숙명적인 질서나 경험적 인과 관계로 묶여 있지 않다. 언어는 비트겐슈타인 이전에 이미 헤겔과 훔볼트 등에 의해 근본적인 의미에서 사회적 산물로 간주되었다. 헤겔이 언어를 "정신의 현존재"로 표현한 것은, 정신이 이미 사회적이며 역사적인 실체이기 때문이다. 그것은 단순히 언어가 특정한 사회의 상징적 제도로 작용한다는 기능적 관점을 넘어서, 언어에 의한 사회 구성의 가능성을 동시에 가리킨다. 그러므로 인간의 정체성이 자신이 속한 언어공동체의 독특한 성격과 무관하다면 오히려 이상할 것이다.

가령 한국 사회에서 '우리'란 인칭대명사가 왜 그렇게 무차별적으로 사용되는지, 그리고 이 같은 사용의 방식이 집단적인 정서나 집단행동에 어떠한 영향을 미치는지에 대한 관심은 개체 존재의 정체성과 관련해서도 중요한 의미를 지니게 된다. 언어는 단순히 자기의식의 발생 과정에서 중요하고도 의미 있는 역할을 수행하는 것이 아니다. 사회 역시 언어를 통해 재생산될 수 있다. 즉 언어적 능력을 지닌 집단들에 의해서 한 사회는 자신의 정체성을 스스로 유지하거나, 심지어 다른 형태의 사회적 단계로 이행할 수 있는 것이다. 그것은 언어 자체의 유기적 성격에 기인한다. 그러나 집단적 의식의 변화를 초래하는 언어 사용의 혁신이 항상 긍정적인 방향으로 작동하지는 않는다. 그 단적인 사례는 개념적인 의사소통의 쇠퇴와 맞물린 기호와 상징, 이미지의 지배적인 위상이다.

2 자기 관계와 세계 관계

'본성'이란 표현 자체는 확실히 본질주의라는 혐의 외에도 여러 도덕적인, 혹은 정서적인 거부감을 수반한다. 다양한 인간 집단들을 유형론적(typological) 관점에서 분류하는 것이 대안일 수 있다. 분류학적 관찰은 그 어떤 본질론적인 관점으로부터 벗어나 경험적으로도 검증 가능한 인간에 대한 지식을 구축할 수 있으리라는 기대감을 불러일으킨다. 그러나 대부분의 인간 유형론은 인종주의나 문화 결정론과 같은 혐의로부터 자유롭지 못하다. 그 같은 시도는 본성론이나 유전자 결정론이 의도하는 이론적 의도를 충족시킬 수도 없다.

실제로 인간을 존재론적으로 규정하려는 태도와 실증적인 경험과학 사이에는 근본적인 괴리가 놓여 있다. 그것은 인간 존재를 개별과학의 방법론이나 이론 형식에 의해 분절화된 존재가 아닌, 하나의 통합성(integrity)을 지닌 존재로 간주해야 하는 한에서, 그리고 무엇보다 먼저 인간이 다른 존재자들과 달리, 자신에 대한 스스로의 고유한 자기 이해의 방식을 떠나서 파악될 수 없기 때문이다. 의식의 구조적 특성인 자기-준거는 자아와 세계 이해의 상호 연관에서도 성립하는데, 우리는 인간의 이러한 특성을 한마디로 자기 관계적-부정성으로 축약시킬 수 있다. 이미 헤겔의 변증법은 존재자의 특성을 술어적 판단 형식과 그 총합에 의거해 이해하려는 시도가 한계에 직면하게 된다는 사실에 주목하는데, 이는 바로 사건의 연관으로서 간주되는 인간존재가 과학이 지지하는 양화(quantification) 가능한 문장들의 총합에 의해 파악될 수 없다는 것이다. 한걸음 더 나아가서 역사성을 잉태한 모든 존재들 역시 정의가 불가능하다고 볼 수 있는가? 인간의 인식이 일상적인 언어와 판단의 형식에 의존할 수 없다는 인식은 헤겔만이 아니라, 동양의 '지혜문학(wisdom literature)'의 전통에서도 발견된다. 언어의 한계에 대한 불교나 도교의 실험적 사유는 그 대표적인 사례이다.

인간 존재는 자기 준거의 한 탁월한 사례인데, 하이데거가 인간을 표상의 형식에 의거해서 이해할 수 없다고 생각한 것은 당연한 귀결이다.[6] 물상화된 표상의 비판은 후에 게슈텔(Gestell)로 회자되는 문명비판적 사유의 단초가 된다. 인간 존재에 대한 물음 또한, 더 이상 인간의 본성을 전제해 온 종래의 철학적 인간학에 의해서는 온전하게 제기될 수 없다는 것이다. 이미 《세계상의 시대》에서 그는 주체-객체 관계에 의해 포착될 수 없는 인간존재의 물음을 강조한다. 즉 "인간학은 이미 인간이 무엇인지 알고 있는 상태에서 수행되는 한에서, 사실상 인간이 누구인지에 대해서는 묻지 않는"[7] 것과 같다는 것이다. 여기서 무엇인가(What/Was)에 대한 물음은 인간이 누구인가(Who/Wer)에 대한 물음과 의도적으로 대비되고 있다. 고대 그리스 철학과 근대의 인간관은 그의 〈휴머니즘에 대한 편지〉에서도 비판되는데, 그것은 이들이 무엇보다

6 M. Heidegger, *Identität und Differenz*(Pfullingen: Günther Neske, 1978), 23.

7 M. Heidegger, "Die Zeit des Weltbildes," in *Holzwege*(Frankfurt am Main: Klostermann, 1980), 109.

인간을 이성의 능력을 지닌 생물학적 존재자로 이미 규정하고 있기 때문이다.[8] 문제는 이들이 단지 특정한 시기의 자연과학, 특히 생물학적 관점에 의존하고 있을 뿐만 아니라, 근세 이후에 강화된 주체-객체의 구별을 전제하기 때문이다. 대상으로서 확정된 인간존재의 이해는 표상하는 것과 표상된 것의 이원론적 구도하에 놓이게 된다.

> 형이상학은, 엄격히 생각해 보면, 실제로 오직 인간을 전체적 맥락에서 바로 그러한 존재자로서, 즉 다른 존재자들과 관련된 존재자와의 관계에 대한 물음으로만 알고 있다. 이 물음의 근세적인 방식은 주체의 객체에 대한 관계에 대한 것이다.[9]

대상으로서 물상화된 존재자가 아닌 인간의 정체성은 세계와의 내적 연관을 떠나서 파악될 수 없다. 자기 이해와 세계 이해의 원환적인 구조에 대한 관심은 형이상학적 물음의 일반적 특징인 총체성에 대한 물음으로 이어지게 된다. 아벨(Abel)은 니체에 기대어 이 같은 정황을 적확하게 서술한다.

비로소 언어와 신체의 표현들이 그 의미를 풀어내는 행위(Auslegung)

---

8 M. Heidegger, *Platons Lehre von der Wahrheit* mit einem *Brief über den «Humanismus»* (Bern und München: Franke, 1975), 65ff.

9 M. Heidegger, *Heraklit*, in *Gesamtausgabe*, Band 55(Franktfurt am Main: Klostermann, 1979), 296.

에 의해서 그 의미를 드러내 보이는 특성을 지닌다는 사실, 그리고 모든 해석(interpretation) 역시 계속되는 해석의 필요에 직면한다는 사실을 통해서, 인간은 해석의 사건으로 간주된다. 이로써 인간은 스스로 **존재하게** 되며, **그 안에서** 세계 이해와 자기 이해가 서로 분리될 수 없다는 사실을 내면화하게 된다.[10]

3 맺는말

인간의 정신 자체가 반성의 능력을 통해서 설명된다는 사실은 곧 인간존재의 원환적 구조를 허구가 아닌 실재로 간주하게 만드는 요인이기도 하다. 아리스토텔레스의 인간에 대한 이해, 즉 '로고스를 지닌 동물(zoon logon echon)'이란 표현 역시 정신의 자기 준거적인 특성을 배제하지 않는다. 인간은 이에 근거해서 일련의 역사적으로 중첩된 해석에 근거해서 자기 정체성을 형성한다. 그러나 자기 정체성의 역사적 규정성이 심화될수록 정신은 그 어떤 직접적인 동일성을 통해서 자기 확신에 도달할 수 있는 가능성으로부터 멀어진다. 타자 관계를 통해서 매개된 자기 이해만이 가능하다는 것은, 인간이 더 이상 직접적인 자기-관계에 안주할 수 없다는 것을 가리킨다. 실제로 서구의 형이상

10 G. Abel, *Nietzsche: Die Dynamik der Willen und die ewige Wiederkehr*(Berlin/New York: Walter de Gruyter, 1998), 316.

학에서 실체와 주체, 상호 주체성으로 담론의 축이 변형되었다면, 그것은 자기-준거적 질서의 확장이 필연적임을 의미한다. 자아의 실체성이 해체된다는 것이 허무로의 추락을 의미하는 것은 아니다. 그것은 보다 포괄적인 차원의 원환 구조, 즉 존재와 무의 순환 속에 자신의 삶이 일시적으로 지속된다는 평범하면서도 수긍하고 싶지 않은 진실과 대면하는 것을 의미할 뿐이다.

> 그(Arhat—옮긴이)는 지속적으로 추구하고 투쟁한 결과, 자신이 오온(五蘊: 다섯 가지 Skandhas를 가리킴—옮긴이)과 함께 탄생과 죽음의 원환이라는 계속되는 흐름 속에 놓여 있다는 것을 깨달았다.[11]

그렇기에 죽음은 단순히 자연주의적 관점에서 만족스럽게 이해될 수 없다. 동물의 죽음이 숨이 끊어지는 자연적 사태로 간주될 수 있다면, 인간의 죽음은 존재자의 종식이 아닌 존재가 무로 이행하는 사건이자 자연의 왕국 안에서만 가능한 내재적 초월(immanent transcendence)의 가능성이기도 하다. 인간이란 존재 자체가 해명되어야 할 그 무엇으로 간주될 수 있다면, 그것은 신들이 사라진 이 세계에서 아직 내재적 초월의 가능성이 소진되지 않았기 때문일 것이다.

---

11 E. Conze, *Der Buddhismus*(Berlin, u.a.: Kohlhammer, 1995), 88.

제3부

'집단본능' 으로부터의 해방은 불가능한가?

죄와 양심이라는 화두 양 대 종

왜 인간은 '종족주의',
즉 '무리 본능'을 극복하기 어려운가? 임 홍 빈

죄와 양심이라는 화두

양 대 종

1 들어가는 말

스스로를 착취하는 '피로 시대', '소진 시대' 등의 이름으로 불리는 현대의 부조리한 현상은 참다운 실존을 좀먹는 불공정 노동마저도 구차하게 구걸해야 하는 대상이 되었다는 절망적인 상황 앞에서 더욱 증폭하기에 이르렀다. 그리고 출구가 없어 보이는 이런 상황 속에서는 수많은 치유의 전도사들이 등장해 철학적, 종교적, 명상적 영혼의 관리자임을 자처하곤 해 왔다는 사실을 우리는 역사를 통해 익히 알고 있다. 니체가 탈인간적인 톱니바퀴와 메커니즘, 노동자의 비인격화와 노동 분업이라는 잘못된 경제학으로 인해 삶이 병들고 있음을 고발하고 있는 두 번째《반시대적 고찰》의 모두에서 관찰하는 순간을 사는 동물들의 현재에의 완벽한 집중 역시 현대에 제공되는 치유의 방책 중의 하나이다. 그러나 인간이 아무리 이 순간의 말뚝에 묶인 짐승들의 행복을 시기심 어린 눈으로 쳐다보더라도, 성찰하는 인간이 원하는 것은 이 동물적인 완벽한 순간에의 몰입일 수는 없다. 우리가 원하는 것은 단순한 휴식이 아니라 인간적 존엄을 가진 여가(otium cum dignitate)인 것이다. 인간만이 유일하게 스스로의 행동을 반추하는 능력을 가지고 있다고 믿고 싶어 하는 인간은 바로 그 능력으로 인하여 시간에 대한 의식과 자기의식을 중요한 실존적 요소로 가질 수밖에 없다. 이것은 그러나 고통과 자기혐오에까지 이르게 만드는 불편한 능력일 수 있다. 인류의 문화는 그래서 반추의 결과로 발생하는 양심의 가책을 내면의 목소리나 책임 의식 등으로 해석해 왔다. 그러나 양심의 가책의 실제적인 발생 원인에 대한 연구는 현대에 이르기까지 주요한 철학적 의제는 아니었고, 양심은 본래부터 인간에게 주어진 것으로 상정되어 왔다. 윤리학은 양심의 강화와 연마에 힘써 왔지만 그것이 왜 생기게 되었는지는 설명하지 못했던 것이다.

그런데 임홍빈의 철학적 관심사의 한 가닥은 바로 이 죄책감과 양심이라는 화두에 닿아 있다. 왜 그러는 것일까? 그가 현대의 문제를 호흡하는 철학자이기 때문에 기인하는 시대적인 현상일까? 양심은 자신이 행한 섬뜩한 일에 대한 자각의 상태를 의미하고 행위자를 파멸시킬 수도 있는 영혼의 위협적인 고통을 지칭하는 단어이다. 그 발생이유와 상관없이 이렇게 자신의 행위에 수반되는 의식은 금새 도덕적 권위를 가진 영혼의 기관으로 인식되기에 이른다. 그래서 양심은 지성사를 통해서 "인간 안의 신의 소리", "자연을 통한 신의 목소리" 혹은 "우리 안의 법(das Gesetz in uns)" 등으로 불려왔다.[1] 임홍빈은 이렇게 주어진 것으로 상정돼 왔던 죄책감과 수치심에 대한 탐구를 시작한 이유를 2013년에 출간한 이와 관련된 자신의 저서《수치심과 죄책감》의 처음에서 설명하고 있다.[2] 2010년 고려대학교 문과대학 특별 연구비에 의해 수행된 〈인륜성과 죄의식〉이라는 선행 논문에서 이미 드러난 주제인 인간의 자기 이해 방식과 배후 신념인 형이상학적 전제의 관계에 대한 고찰이 확대된 연구가 바로《수치심과 죄책감》이라는 저서일 것이다.

전술한 임홍빈의 설명에 따르면 수치심과 죄책감은 "자연적 진화와 사회적 학습의 합작품"이다. 동정심, 연민도 이들과 비슷한 범주이나 이것들은 수치심과 죄책감처럼 "우리 삶과 문화에 집요하고 심층적인 영향"을 미치지는 않았다. 다시 말해 저자는 인간의 삶과 문화에 집요하고 심층적인 영향을 끼친 도덕적 감정이기에 수치심과 죄책감을 탐구하였다는 말이다. 그는 이 저서에서 고대의 신화들에 나타난 "즐거운 교환"이라는 관념으로부터 시작하여 인간의 주체성이 일깨워지는 불가피한 계기로 작용하는 비극에서 드러나는 죄의 문제를 거쳐 현대성의 문제를 다루는 수많은 철학자들을 분석하고 있다. 여기에서 저자가 기초하고 있는 큰 전제는 수치와 죄책감은 사적인 감정을 넘

1 인용의 구체적인 전거를 위해서는 양대종, 〈도덕적 양심의 기원에 대한 고찰〉,《니체연구》(한국니체학회) 제23집(2013), 183 참조.

2 임홍빈,《수치심과 죄책감》(바다출판사, 2013), 10-21 참조.

어서는 문화적이고 사회적인 현상이라는 사실이다. 죄의 의미와 이해 방식이 역사적인 변화를 보이기 때문이다. 이 중 죄책감은 행동에 대한 책임 및 내면적 양심과 관련되기에 비교적 범문화적인 수치감보다 더 문화적으로 각인된 현상이라는 것이 임홍빈의 입장이다. 본고는 이 중 〈죄책감의 계보론〉이라는 제목을 달고 있는 니체와 관련된 부분으로 제한해 논의하기로 한다.

죄책감에 대한 니체의 '고전적인' 분석 이래로 죄책감과 수치심에 대한 발생적 기원에 대한 다양한 연구가 진행되어 왔음을 술회하며, 임홍빈은 개인적 차원을 넘어 문화의 관점에서도 죄책감이 "인간의 욕망과 본능을 통제, 조절하는 거대한 심리적 기제"로 기능한다는 사실에 주목한다(《수치심과 죄책감》, 14, 이후 이 책의 인용 시 쪽수만 기재한다). 그러나 이 진단이 가능해지는 것은 저자가 종결되지 않은 미완의 기획(11) 혹은 "완성되지 못한 밑그림"(114)이라고 정리하는 니체의 계보학적 연구가 없이는 불가능한 일이다. 죄책감을 "규범과 가치, 자기 정체성에 대한 일련의 상징적인 해석"이자 이것이 삶의 세계에 끼치는 규정적이고 구속적인 영향을 밝혀낸 일이 마땅히 니체에게 돌려져야 할 것이다. 《도덕의 계보》에서 니체가 행한 양심의 가책의 기원에 대한 두 가지 고찰을 추적하는 임홍빈의 집요한 시선이 니체의 작업이 가지는 무게를 반증하기도 한다. 아래에서는 임홍빈이 전제로 깔고 논의를 진행하고 있는 양심의 기원에 대한 니체의 두 가지 가설을 정리해 본다.

2 양심의 기원에 대한 니체의 두 가설[3]

니체의 도덕 비판은 그의 철학적 여정의 비교적 이른 시기에서부터 시작된다. 그의 필생의 테마의 하나인 도덕 비판은 이미 1872년의 〈그리스 국가〉라는 글에서 그 단초를 보이고 주요 저작들에서 선명해져 《도덕의 계보》에서 정점에 이른다.[4] 도덕의 중요한 테마 중 하나인 양심의 문제 역시, 그의 초기 저작인 《인간적인 너무나 인간적인》에서부터 비교적 일찍 다루어지고 있는 주제다.

〈양심의 내용〉이라는 소제목이 달린 〈방랑자와 그림자〉의 한 절에서 니체는 다음과 같이 쓰고 있다:

> 우리 양심의 내용은 유년시절에 우리들이 존경하거나 두려워했던 사람들이 규칙적으로 **요구했던** 모든 것들이다. (…) 양심의 원천은 권위에 대한 믿음이다. 따라서 양심은 인간의 가슴속에 있

---

3 2절은 새로 쓴 글이 아니고 전술한 양대종, 〈도덕적 양심의 기원에 대한 고찰〉, 188-198의 재게임을 밝힌다.

4 Otfried Höffe, "Einführung in Nietzsches 'Genealogie der Moral'," in *Friedrich Nietzsche: Zur Genealogie der Moral*, hrsg. Otfried Höffe(Berlin: Akademie Verlag, 2004), 2, 6-7 참조. 《도덕의 계보》를 서양철학의 도덕비판의 정점으로 파악하는 이러한 견해에 반대하는 의견도 있다. 예를 들어 니체 전집의 편찬자인 콜리(Georgio Colli)는 니체 철학은 직전에 출간된 《선악의 저편》에서 끝나고, 《도덕의 계보》에서부터는 어떤 피로와 과도포만 상태가 보인다는 입장을 취하고 있다. Giorgio Colli, "Nachwort von Zur Genealogie der Moral," in *KSA 5*, 420 참조. 그러나 유럽의 철학과 사회가 철저하게 도덕에 의해 각인돼 있음을 체계적이고 일관적으로 서술하려는 시도가 행해지고 도덕과의 전쟁이 진지하게 재개된다는 점에서 《도덕의 계보》는 독특한 위치를 점한다고 할 수 있다.

는 신의 목소리가 아니라, 인간 속에 있는 몇몇 인간들의 목소리인 것이다.[5]

니체가 양심을 "인간 속에 있는 몇몇 인간들의 목소리"라고 규정하는 사실은 현대인에게 어쩌면 그리 낯선 일은 아닐지도 모른다. 기본적으로 누구나 양심이 발동하기 전에 결정이나 행동을 함에 있어서 칸트가 제기한 중요 질문 중의 하나인 "나는 무엇을 행해야만 하는가?"라는 질문을 던지는 것을 배워야만 하기 때문이다. 그러나 이것은 게르하르트(Volker Gerhardt)가 올바로 지적하듯이 계산과 생각 그리고 회상과 마찬가지로 엄밀한 의미에서 배울 수 있는 능력이 아니다. 모범이 되는 행위자를 통해 동일한 효과가 수행되는 것을 추수행함으로써 어린아이는 도덕적 의식을 체화하는 것일 뿐이다.[6] 따라서 범례를 통한 이러한 자발적인 문제 제기가 실패하는 경우, 현대 심리학의 문제 중의 하나인 도덕적 의식과 양심이 전적으로 부재한 인간을 상정하는 것은 가능한 일이라 할 수 있다.

어쨌건 양심의 내용은 권위를 가진 자를 범례로 삼는 가치의 내면화 과정을 통해 유년시절에 발생한다. 여기서 권위를 가진 자가 누구인지는 사실 중요하지 않다. 아버지, 스승, 국가, 신분 질서, 종교적 권

---

5 프리드리히 니체, 《인간적인 너무나 인간적인 II》, 김미기 옮김(책세상, 2008), 265.

6 Volker Gerhardt, *Selbstbestimmung. Das Prinzip der Individualität*(Stuttgart: Reclam, 1999), 385-390 참조.

위 등이 점유할 수 있는 이 위치는 실상은 기존의 전통과 윤리적 규범을 대변하는 자리이다.[7] 그래서 양심의 내용은 개인이 어떤 시대와 공간과 문화권에 사느냐에 따라 달라질 수 있고, 가치 평가가 다를 경우 상이한 충동이 야기될 수 있다. 한 문화권에서 칭송되는 행위가 다른 문화권에서는 질책을 받고 양심의 가책으로 연결될 수도 있는 것이다.[8]

1887년에 출간된 니체의 《도덕의 계보》는, 니체가 서문에서 밝히고 있듯이, 양심의 기원에 대한 문제 제기와 방법론에 있어 전술한 파울 레의 초기 저작 《도덕 감정의 기원》에 많은 부분을 빚지고 있다.[9] 책의 제목에 드러난 "계보학(Genealogie)"이라는 단어는 이 책이 도덕의 정초나 근거 지음을 목표로 하는 것이 아니라, 오히려 도덕의 발생사를 다루겠다는 점을 분명히 하고 있다. 즉, 특정 행위에 특정한 가치 평가가 내려지게 된 원인을 탐구한다는 점에서 니체는 파울 레의 전례를 따르고 있는 것이다. 도덕이 표면적으로 제시하는 가치 판단의 실제적인 목적이 도덕 외적인 유용성과 사회성에 있다는 판단에서도 니체는 파

7 Jürgen Mohr, "Nietzsches Deutung des Gewissens," in *Nietzsche-Studien*, Band 6(Berlin, New York: Walter de Gruyter, 1977), 5 이하 참조.

8 Friedrich Nietzsche, *Nachgelassene Fragmente 1882-1884*, 7(12), in *KSA 10*(Berlin, New York: de Gruyter, 1988), 242 참조; 파울 레는 가치판단의 내용이 사고습관(Denkgewohnheit)에 불과해서 변할 수 있다고 주장한다. 동일 공간에서 시대에 따른 가치평가의 변화의 실례로 그는 아이슬란드에서 복수와 해적질에 대한 가치평가가 변한 사실을 들고 있다. Paul Ree, *Die Entstehung des Gewissens*, 173, 219 참조.

9 두 사람은 1876년 겨울을 함께 소렌토에서 보내며 공동의 철학적 테마를 연구한 적이 있다. 그 결과가 파울 레의 《도덕 감정의 기원》과 니체의 《인간적인 너무나 인간적인》의 일부분이다. 파울 레는 니체에게 헌정한 자신의 책에서 니체를 그 책의 어머니라고 적은 바 있다. Curt Paul Janz, *Friedrich Nietzsche: Biographie*, Erster Band(Frankfurt am Main/Wien: Büchergilde Gutenberg, 1994), 748-755 참조.

울 레의 견해에서 멀지 않다.

《도덕의 계보》가 출간된 직후 쾨젤리츠(Köselitz)에게 보낸 편지에서 니체는 이 책 중 가장 중요한 부분으로 자신이 전념하는 엄중한 문제가 압축적으로 표현돼 있는 서문을 들고 있다. 그 핵심 부분은 다음과 같다:

> 인간은 어떤 조건 아래 선과 악이라는 가치 판단을 생각해 냈던 것일까? **그리고 그 가치 판단들 자체는 어떤 가치를 가지고 있는 것일까?** 그것은 이제까지 인간의 성장을 저지했던 것일까? 아니면 반대로 거기에는 삶의 충만함, 힘, 의지가, 그 용기와 확신이, 그 미래가 나타나 있는가?[10]

기존의 형이상학과 윤리학이 주어진 것으로 당연시해 온 가치들의 가치를 묻기 위해 던져져야 할 질문들이 바로 이들에 대한 계보학적, 발생학적 질문들이다. 그래서 니체는 "가치들이 성장하고 발전하고 변화해 온 조건과 상황에 대한 지식"[11]을 요청한 것이다. 예를 들어 선함이 악함보다 높고, 유용하며, 좋은 것이라는 가치 판단이 어떤 이유와 조건 속에서 주장되고 당연시돼 왔는지가 다시 물어져야 한다는 것이다. 이것은 도덕을 당연히 주어진 어떤 것으로 보지 않고, 어떤 이

10 프리드리히 니체, 《선악의 저편·도덕의 계보》, 김정현 옮김(책세상, 2002), 340-341.

11 위의 책, 345.

유에서건 생성, 발전, 변화, 소멸하는 것으로, 즉 역사 속에서 되어 가는 어떤 것으로 보겠다는 태도이다. 이러한 탐구의 기저에는 이렇게 생성된 도덕적 가치들이 삶의 퇴락의 징후인지, 충만함과 긍정의 징후인지, 그리고 이 가치들이 인간 속에 잠재한 가능성들을 촉진시켜 가장 강력하고 탁월한 유형의 인간을 달성시킬 수 있는지, 아니면 인간을 축소시켜 왜소하고 유약하게 만드는지에 대한 물음이 깔려 있다. 이러한 시선의 변화, 즉 "새로운 물음과 새로운 눈을 가지고 (…) 오랫동안 판독하기 어려웠던 인간의 도덕적 과거사의 상형문자"[12]를 해독하는 것이 니체가 말하는 도덕과 가치의 자연 발생사를 탐구하는 일이다.

그러나 니체가 도덕이라는 복잡한 조직의 발생 지점들을 관찰의 명료성을 위해 인위적으로 고립시키고 "양심의 심리학"[13]이라 칭한, 양심이라는 상형문자를 다루는 《도덕의 계보》의 두 번째 논문, 〈"죄", "양심의 가책" 그리고 유사한 것들〉은 인류사나 정신사에서 양심을 다뤄온 것에 대한 연대기적인 분석을 행하는 대신, 몇 가지 가설을 내세워 양심의 가책의 기원을 탐색하는 방식을 취하고 있다.[14]

우선 니체는 "죄(Schuld)"라는 도덕 개념이 "부채(Schulden)"라는 물

12 위의 책, 345-347.

13 Friedrich Nietzsche, *Ecce Homo*, in *KSA 6*(Berlin, New York: de Gruyter, 1988), 352.

14 백승영은 《도덕의 계보》의 두 번째 논문이 니체가 주권적 개인이라는 새로운 인간 유형을 창출시키려는 목적으로 쓴 인간학적 글이라는 해석을 내리는 논문에서 양심의 가책을 설명하는 니체의 가설에 각각 "부채 이론", "내면화 이론"이라는 이름을 붙여 정리하고 있다. 백승영, 〈양심과 양심의 가책, 그 계보의 차이〉, 《철학》(한국철학회) 제90집(2007), 107-133 참조.

질적 개념에서 유래되었다는 점에 착안하여 양심의 가책의 기원을 배상 정의(iustitia commutativa)의 실현을 목적으로 하는 채무자와 채권자의 관계에서 찾으려 시도한다.[15] 교환을 위한 등가물의 책정 노력을 니체는 어떤 사회조직의 형성보다도 오래된 것으로 가정한다. 가치를 재고 평가하는 인간의 이러한 측면을 강조하여 니체는 인간을 "평가하는 동물 자체"[16]로 정의한다. 거래와 계약 관계는 일차적으로 등가물의 교환이 이루어진다는 약속 위에서 성립한다. 약속이 이행되지 않을 때 나타나는 것이 채권자와 채무자의 관계이다. 이 때 변제에 대한 의무감이 발생하는데 이 부채감이 니체가 이해하는 "죄", "양심의 가책"이다.

최초의 공동체 이전부터 존재했을 것으로 추정되는, 살아 있는 인간 사이에 발생하는 부채감은 후일 한 공동체의 성원들이 조상에 대해 갖는 채무감으로 확장된다. 조상들의 희생과 공헌을 통해 현세의 종족이 존재하기 때문에 이 희생과 공헌을 다시 조상에게 변제해야 된다는 생각이 그것이다.[17] 그리고 이러한 조상에 대한 채무 감정은 종족이 번성할수록 더욱 증가하는데, 조상이 위력 있는 정령으로 여전히 현세에 긍정적인 영향을 끼치고 있다는 식으로 종교적 요소가 개입하는 순간, 조상은 신으로까지 확장되고 채무는 장자 희생이나 인간의 피 같은 막대한 희생을 요구하기에 이른다.[18] 혈연에 근거한 씨족사회가 끝나

15 니체, 《도덕의 계보》, 402 이하 참조.

16 위의 책, 412.

17 위의 책, 437 참조.

18 위의 책, 438 참조

도 신에 대한 부채 감정은 남아서, 공동체가 보편적 제국으로까지 커지면 신은 기독교의 신처럼 보편적 신으로 변해 단일신화되는 경향을 보인다. 이렇게 신의 맥시멈(Maximum)이 도달되는 것과 상응해 죄와 양심의 가책도 맥시멈에 도달하게 된다.[19]

양심의 가책에 대한 니체의 두 번째 가설은 콜리(Colli)가 지적하듯 니체 사상의 한 추동력인 고통이라는 주제의 변주곡이다.[20] 방출되지 못한 본능의 내면화 과정에 대한 서술은 실지로 인간이 문명화된 사회 속에서 겪는 고통의 중요한 한 부분에 대한 해부이다. 니체는 양심의 가책을 인간이 경험한 가장 근본적인 변화인 사회화 과정의 압력에 의해 발생한 깊은 병으로 이해하고 있다. 이 근본적인 변화의 내용은 자신이 결정적으로 사회와 평화의 구속에 갇혀 있다는 사실에 대한 인간의 자각이다.[21]

니체가 수중 동물이 육지 동물이 되도록 강요받은 것에 비교하는 이 변화는 야성과 전쟁과 보험에 익숙해 있던 절반은 야수 같던 떠돌이 인간이 갑자기 사회와 평화 속으로 들어가 질서 속에서 살게 된 일이다. 그때까지 중요시되던 본능들은 이제 새로운 사회의 안정과 질서에 위험이 될 수 있다. 마치 물에서 나와 걷게 된 수중 생물처럼 모든 게 서툴고 힘들게 된 이 세계에서, 인간은 예전에 무의식중에 확실하게

---

19 위의 책, 439-440 참조.

20 Giorgio Colli, "Nachwort von Zur Genealogie der Moral", 417-420 참조.

21 니체, 《도덕의 계보》, 430 참조.

자신을 이끌던 충동들 대신에 사고, 추론, 계산, 인과관계의 인식 같은 의식에 의지할 수밖에 없는 상황과 직면한다. 그리고 이러한 새로운 도구들은 평상시 쓰지 않던 것들이라 실수투성이였을 것이다.[22]

설상가상으로 옛 본능들은 단번에 없어지지 않고 계속 자신들의 옛 권리를 주장하지만 이제 평화와 질서 속에서 그 뜻을 따르는 것은 어려운 일이다. 그 결과, 이 충동과 본능들은 스스로의 욕구를 충족하기 위해 새로운 길을 지하에서 암중모색하게 된다. 외부로 방출되지 못하고 인간 속에 갇히게 된 충동들은 결국 인간의 내부로 방향을 전환한다. 이것이 니체가 말하는 "인간의 내면화"이다. 이 순간이 바로 영혼이 탄생하는 순간이고,[23] 무엇보다 양심이 탄생하는 순간이며, 짐승에서 인간으로의 결정적인 걸음이 디뎌지는 순간이다.[24]

이렇게 인간의 내면에 갇히게 된 본능은 어떠한 본능인가? 자유롭게 배회하며, 적을, 잔인함의 쾌감을, 추적의 기쁨을, 습격과 파괴를 쫓던 본능이다. 이것이 이제 자신을 방출할 외부의 적과 저항이 없어지자 질식할 것 같은 반복되는 습속에 갇혀서, 이 본능의 담지자인 인간을 찢고 갉아먹기 시작하는 것이다. 이 방출되지 못한 야수적 본능의 내면화가 니체가 말하는 "양심의 가책"의 기원이다.[25] 니체는 이 사실을 다음과 같이 정리하고 있다.

---

22 위의 책 참조.

23 위의 책, 431 참조.

24 Jürgen Mohr, "Nietzsches Deutung des Gewissens," 2 참조.

25 니체, 《도덕의 계보》, 431 이하 참조.

폭력으로 잠재적인 것이 되어버린 이러한 **자유의 본능**, (…) 억눌리고 뒤로 물러나고 내면세계로 유폐되어 마침내 오직 자기 자신에게만 발산하고 드러내게 되는 이러한 자유의 본능: 오로지 이것이야말로 **양심의 가책**의 시작인 것이다.[26]

양심이란 보통 믿고 있는 것처럼 '인간 내부의 신의 음성'이 아니다 — 양심은 더 이상 외부를 향해 폭발할 수 없게 된 다음에 자기를 향해 반전하는 잔인함의 본능이다.[27]

자신 속에 아직 살아 있는 동물적 본능에 적대적으로 된 인간, 황야를 그리워하는 인간은 자신의 파괴 본능이 방출될 길을 자신의 내면에 열기 위해 스스로를 모험과 황야와 고문실로 만든 것이다.[28]

이제 니체가 양심의 가책을 설명하기 위해 세웠던 첫째 가설인 부채설과 두 번째 가설인 본능의 내면화 이론을 합치면 니체의 양심의 가책에 대한 논의는 완결된다. 부채설의 마지막 단계인 양심의 가책이 신의 개념과 합쳐지는 곳, 즉 신에 대한 "의무"의 개념이 도덕화하여 종교적인 죄의식으로까지 발전하는 곳, 내적 고통인 양심의 가책이 극대화되는 곳에서 채무자인 인간은 죄를 청산할 수단을 상실한다. 국가

26 위의 책, 435.

27 프리드리히 니체, 《바그너의 경우·우상의 황혼·이 사람을 보라·디오니소스 송가·니체 대 바그너》, 백승영 옮김(책세상, 2002), 442.

28 니체, 《도덕의 계보》, 432 참조.

속에 강제돼 자신의 야만적 본능을 외부로 방출할 길을 잃어버린, 그래서 자학을 통해서라도 이 본능에 길을 터 주기 위해 "양심의 가책"을 만들어 낸 인간이 자기 학대를 끔찍한 수준으로 끌어올리기 위해 종교적 전제들을 이용하게 된 것이다. 신에 대한 변제할 수 없는 죄라는 개념은 이제 인간이 즐겨 사용하는 고문의 기구가 된 것이다.[29] 니체는 이렇게 자신을 학대하면서라도 만족을 찾으려는 내면화된 잔인함의 쾌감과 이를 향한 의지를 "행위의 야수성이 조금이라도 저지될 때 (…) 폭발하는 관념의 야수성"[30]이라고 표현하고 있다.

하지만 양심의 가책의 기원에 대한 니체의 고찰이 양심 전반에 대한 폐기와 양심으로부터의 해방을 목적으로 하는 것은 아니다. "우리는 이제까지 우리가 배웠던 것 같은 양심을 잊어버려야만 한다"[31]라는 니체의 언명은 상이한 가치 평가를 내용으로 담을 수 있는 양심의 자연적 상태에 향해져 있지 않고, 오히려 이제까지 양심에 담겨져 있던 전통적이고 기독교적인, 삶에 적대적인 가치 평가의 내용에 향해져 있을 뿐이다.[32] 양심은 도덕과 마찬가지로 우리가 그것 없이는 짐승으로 남을 수밖에 없는 필수 불가결한 삶의 조건이다.[33] 좀더 일반화하자면

---

29 위의 책, 442 참조.

30 위의 책, 443.

31 Friedrich Nietzsche, *Nachgelassene Fragmente 1880-1882*, 3(97), in *KSA* 9(Berlin, New York: de Gruyter, 1988), 73.

32 Jürgen Mohr, "Nietzsches Deutung des Gewissens," 8 참조.

높은 문화는 "잔인성의 정신화와 심화"[34]에 기인하는 것이다.

양심의 가책에 대한 가설들을 서술하기에 앞서 니체는《도덕의 계보》의 두 번째 논문을 인간에 대한 새로운 정의를 포함한 흥미로운 질문으로 시작한다.

> **약속해도 되는** 동물을 기르는 것—이것이야말로 자연이 스스로 인간에게 부여한 바로 그 역설적인 과제 자체가 아닐까? 이것이야말로 인간에 관한 본래의 문제가 아닐까?[35]

이 질문에는 감정과 욕망의 순간적인 노예들이며 망각을 본능으로 가지는 인간들을 이 동물적 단계에서 끌어올려, 약속을 하고 자신의 행위에 대한 책임을 질 수 있는 존재로 만드는 것이야말로 인간을 동물과 구별해 인간으로 만드는 근본적인 과제라는 생각이 깔려 있다. 약속이란 미래의 행동을 지금 설정하고 이행의 시점까지 지금의 내 의지를 기억하는 일이다: "다시 벗어나지 않으려는 능동적인 의욕, 일단 의욕한 것을 계속하려는 의욕, 즉 본래적인 의지의 기억인 것이다."[36] 이렇게 미래를 보증하기 위해서 인간은 필연적인 것과 우연적인 것을 구

---

33 Friedrich Nietzsche, *Menschliches Allzumenschliches I*, 40, in *KSA* 2(Berlin, New York: de Gruyter, 1988), 64 참조.

34 Friedrich Nietzsche, *Jenseits von Gut und Böse*, 229, in *KSA* 5, 166.

35 니체,《도덕의 계보》, 395.

36 위의 책, 396.

분하고, 인과적으로 사고하며, 목적과 수단을 결정하고, 계산적이 되어야 하며, 무엇보다도 스스로가 "예측할 수 있고 규칙적이며 필연적인 존재"가 돼야만 했다.[37] 본능인 망각을 제어하고 기억을 통해 인간을 약속을 해도 되는 동물로 기르기 위해 사용된 수단은 고통이라는 도구라고 니체는 쓰고 있다.[38] 이것은 전술한 부채 가설에서 보이는 초기 공동체에서 행해진 강제적인 사육과 순화 과정에서 발생한 일이다. 그 결과 인간은 사회적 강제를 통해 확정된 습속, 혹은 도덕의 내용에 대해서 책임을 지는 법을 배우게 된다.[39] 이 고통스럽고 지난한 인간화 과정의 끝에는 다시 이러한 풍습의 강제에서 벗어난 "자율적이고 초윤리적인 개체", "자신의 독립적인 오래된 의지를 지닌 인간", 약속해도 되는 "주권적 개인"이 나타난다.[40] 주권적 개인의 큰 특징은 그가 사회적 강제와 관습, 윤리 속에서 길러지지만 결국 다시 이를 벗어나려는 의지의 산물이라는 것이다.[41] 이 주권적 개인이 갖는 자유의 의식을 니체는 양심(Gewissen)이라 부른다:

책임이라는 이상한 특권에 대한 자랑스러운 인식, 이 희한한 자유

---

37 위의 책, 396–397 참조.

38 위의 책, 440 참조.

39 Sverre Raffnsøe, *Nietzsches "Genealogie der Moral"*(Paderborn: Wilhelm Fink, 2007), 66–67, 70 참조.

40 니체, 《도덕의 계보》, 397.

41 백승영, 〈양심과 양심의 가책, 그 계보의 차이〉, 127 참조.

에 대한 의식, 자기 자신과 운명을 지배하는 이 힘에 대한 의식은 그의 가장 밑바닥 심연까지 내려앉아 본능이, 지배적인 본능이 되어버렸다: ―만일 그 스스로 이에 대한 한 단어가 필요하다고 가정한다면, 이것을, 이 지배적인 본능을 무엇이라 부르게 될 것인가? 그러나 의심의 여지 없이 이 주권적 인간은 그것을 양심이라고 부른다 (…).[42]

이 주권적 인간의 양심이 바로 니체가 말하는 양심의 자연적인 상태이다. 그리고 이것은 전술한 "양심의 가책(Schlechtes Gewissen)"과는 구별되는 것이다. 니체는 인간화 과정의 정점에 있는 이 주권적 인간을 "관습과 도덕과 사회적 강제라는 거대한 과정의 종점"[43]이자 그 과정의 "만숙한 열매"[44]라고 부른다. 자연적 상태의 양심은 오히려 "지금까지 인간에게 창궐했던 가장 무서운 병"[45]인 인간의 자기부정이라는 양심의 가책을 견디고 자신의 의지를 관철해 다시 자신의 삶과 의지의 주인이 된 인간에게만 허락되는 특권인 것이다. 따라서 양심의 계보학을 통해 니체가 기획한 것은 양심의 가책에서 빠져나와 양심을 새로운 가치 평가로 채울 수 있는, "능동적 책임을 느끼며 살아가는 자기 긍정의

42 니체, 《도덕의 계보》, 398-399.

43 위의 책, 397.

44 위의 책, 399.

45 위의 책, 443.

인간"[46]에 대한 윤리학, 즉 "개별적 책임의 윤리학"[47]이라 할 수 있다. 자연 상태의 양심을 회복한 주권적 개인이 바로 새로운 가치 평가를 만들어 양심의 내용을 새롭게 채워 가는 인간이다. 거의 인류사의 전 기간 동안 자신의 자연적 성향을 "사악한 눈"을 가지고 보며 비밀스런 자기강간을 통해 "양심의 가책"을 느껴 온 인간들에게 이 성향들에 대한 새로운 가치 판단들을 만들어 제시하고 삶을 긍정하게 만드는 책임과 가능성이 이 주권적 인간의 출현에 걸려 있는 과제인 것이다.[48]

3 몇 가지 질문과 희망

죄책감과 수치심은 모두 욕구와 본능이라는 도덕을 초월하는 사태들의 연장선상에 있다. 그럼에도 불구하고 임홍빈은 "감정과 정서 역시 일정한 질서와 원리에 의해서 형성되고 설명될 수 있다"[49]고 전제한다. 니체는 여기서 충동의 영양 공급을 이야기한다. 저자가 이렇게 전제하는 이유는 무엇일까?

---

46 김정현, 〈니체의 양심론. 양심의 계보학〉, 진교훈 외, 《양심. 고대로부터 현대에 이르기까지 양심의 의미》(서울대학교출판문화원, 2012), 193.

47 Volker Gerhardt, "'Schuld', 'schlechtes Gewissen' und Verwandtes," in Friedrich Nietzsche: Zur Genealogie der Moral, hrsg. Otfried Höffe(Berlin: Akademie Verlag, 2004), 81.

48 니체, 《도덕의 계보》, 335 참조; Jürgen Mohr, "Nietzsches Deutung des Gewissens," 13 참조.

49 임홍빈, 《수치심과 죄책감》(바다출판사, 2013), 16

규범과 가치 평가가 비도덕적인 사태들과의 연계 안에서 수행될 수밖에 없다면 이들을 규범과 가치 평가라고 부를 수 있는가? 이 때 이들을 주도적인 규범과 가치 평가로 만드는 기준은 무엇일까? 잘 조직된 현명한 힘일까? 문제는 뒤섞여서 재차 제출되지만 여전히 열려 있다.

니체가 결국 포기하는 내면화 이론을 고찰하는 말미에서 임홍빈은 양심의 가책(das schlechte Gewissen)과 죄의식(Schuldbewusstsein)이 동일한 심적 사태를 지칭하는 것이 아니라고 단언한다. 그럼 그것들은 각각 어떤 사태를 가리킨다고 생각하는가?

임홍빈은 죄책감과 수치심에 대한 탐색에 바친 저서에서 니체에 할애된 부분을 니체의 후반부 저작인 《도덕의 계보》에서 니체에 의해 제시된 양심의 가책이 생기게 된 이유에 대한 두 가지 가설을 해석하는 데 쓰고 있다. 그러나 그는 여기서 각각의 가설이 가지는 함의를 정리하는 데 그치지 않고 이 가설들을 통해 열리게 된 질문들을 정리하는 노력 역시 경주하고 있다. 그가 생각하는 이 저서의 가장 큰 공로는 니체가 여기에서 "근대 이후 근본적으로 변화된 인간의 정체성을 탐색하고 있다는 것"이다. 그것은 기독교적 상징에 의해서 스스로를 이해해 온 서구적 규범의식에 대한 비판을 넘어서, "존재론적 죄의 관념이 더는 설 땅이 없다는 것을 전제"하고 있다. 즉 니체에 의한 양심의 가책에 대한 계보학적 고찰은 이제껏 인간의 고통을 해석하는 데 유일한 해석 가능성으로 작용했던 금욕주의적 이상, 존재론적 죄의 관념이 근대인의 삶을 더 이상 규제하지 못한다는 사실의 결과에 대한 진단과 함께 유럽 허무주의의 도래에 대한 고찰로 연결되고 있다는 것이다. 니체를 연구하는 대부분의 연구자들이 오랜 연구의 길에서 진단하는 것처럼 그의 주요 주제들은 이렇게 모두 중첩되어 연결되어 있다. 정의의 문제, 문화의 위기, 비극적 세계관에 대한 고찰, 몸 이성, 주권적 개인, 도덕 비판, 가치의 전도, 영원회귀 등의 큰 주제들이 모두 근대성의 위기인 허무주의의 문제로 연결되고 있는 것이다.

물론 각각의 주제를 니체의 인식 방법인 관점주의를 통해 다루는 과정을 통해 매번 새롭게 열리는 인식의 지평과 가능성을 살피는 것은 니체 연구의 또 다른 매력이라 할 수 있다. 이러한 맥락에서 임홍빈은 "죄책감의 기원에 대한 분석은 도덕주의로부터 해방된 충일한 실존의 가능성을 지향한다"[50]라고 정리하고 있다.

미완의 길, 완성되지 않은 작품들을 쓰다듬고 힘을 보태어 확장하는 일, 완성을 향한 도정의 마지막에 스스로가 서 있음을 자각하는 일은 비단 철학자뿐만 아니라 인생의 길에서 무엇인가를 추구하는 모든 이들에게 외롭지만 뿌듯한 일이기도 할 것이다. 그것이 바로 자신의 몸과 행위를 통해서 인류의 진화를 꿈꾸는 일이기도 하기 때문이다. 니체는 이것을 함께 크는 공동체의 이상으로 정리한 바 있다. 우리

---

50 위의 책, 114

안과 밖에 예술가와 성자와 철학자를 많이 양성하자는 그의 권면을 따르는 자들은 인식의 정열이라는 보이지 않지만 강한 끈으로 결속돼 있다. 임홍빈의 학교 밖 인생 역시도 이제까지와 함께 이 끈의 연장이기를 희망해 본다.

왜 인간은 '종족주의', 즉 '무리 본능'을 극복하기 어려운가?

임 홍 빈

1 왜 '무리 본능'이 문제인가?
니체와 칸트

니체에 대해 정통한 양대종의 질문에 답하기 전에, 1888년 1월 4일 스위스 바젤의 친구 오버베크(Oberbeck)에게 보낸 니체의 우편엽서를 인용하는 것이 적절해 보인다. 왜냐하면 《수치심과 죄책감》을 발표한 이후 내 관심사는, 이 두 가지 상호 연관된 정서들의 뿌리에 해당하는 '집단 감정'으로 옮겨 갔고, 불행하게도 세상은 '종족주의(tribalism)'란 질병에 감염되어가고 있기 때문이다. 무리지어 사는 동물(gregarious animal)에 대한 니체의 관심은 하나의 완결된 이론으로 마무리되지 못했지만, 그의 예민한 촉각은 분명 올바른 방향을 향하고 있다.

네 사랑스러운 편지는 돈과 함께 다행히 받을 수 있었어. 매우 고마워! 책에 관해 단지 한 마디: 도덕이라고 칭하는 저 복잡한 구조물이 발생하게 된 서로 다른 진원지들을 명확하게 다루기 위해 이들을 인위적으로 분리시켜야만 했어. (…) 네 번째, 다섯 번째, 그리고 심지어는 가장 본질적인("무리본능") 논문도 빠져 있어. 그것은 너무도 광범위해서 제쳐놓았지. (기독교의 탄생과 관련해서 … 오직 하나의 심리학적인 범주에 기대어 설명한다는 것만큼 내 생각과 동떨어진 것은 없어.)… 너의 N.[1]

흔히 자폐증은 정신 질환을 앓고 있는 개인들에게 나타나는 것으로 알려져 있으나, 이는 잘못된 견해다. 나는 종족주의가 일종의 집단 자폐증(collective autism)이란 질병이라고 간주한다. 자폐증을 수반하는 나르시시즘의 분석은 과연 대중들의 심리를 이해하는 데 기여할 수 있는가? 이 점에서 프롬(Erich Fromm)이 '집단 나르시시즘(Group Narcissism)', 혹은 '사회적 나르시시즘(Social Narcissism)'이란 명칭하에 프로이트의 정신분석학을 확장하려고 시도한 것은 중요한 진전이다. 그런데 동물로서의 인간이 진화하는 과정에 체화한 집단본능(herd instinct)을 통제할 수 있는가? 나는 집단본능의 통제 여부에 따라서 개인의 운명은 물론, 그가 속한 사회 전체의 미래가 좌우될 수도 있다고 생각한다. 그래서 내

1 F. Nietzsche, *Sämtliche Briefe*, Band 8(Berlin/New York: de Gruyter, 1986), 224.

가 오늘날 휴머니즘을 위협하는 가장 큰 요인들 중의 하나로 '종족주의'를 언급한다면, 그것은 그다지 무리한 주장이 아니다. 종족주의는 이미 지난 세기 전체주의 체제를 강화하는 동력으로 작용함으로써 전쟁과 광기, 테러 등의 촉매로 작용한 바 있다.

왜, 어떠한 이유에서 니체는 '집단본능'에 주목하는가? 논의의 편의상 나는 이와 무관치 않은 니체의 다른 흥미로운 주장들, 가령 '주권적 개인'과 '초인', 혹은 '동일한 것의 영원한 회귀' 등은 논하지 않을 것이다. 이 주제들이 물론 이러저러한 방식으로 '집단본능'에 대한 심리학적 고찰과 연관되어 있다고 추정할 수는 있다. 그러나 나는 여기서 니체의 주장들이 정합적인가 아닌가에 대한 물음도 일단 제기하지 않을 생각이다. 비록 그가 어떤 체계적인 이론을 성공적으로 제시하지는 않았지만, '집단본능'을 겨냥한 니체의 날카로운 묘사는 대중의 심리나 정서를 보다 심층적으로 관찰할 수 있는 단초들을 제공한다. 현재 종족주의는 전 지구적 현상이다. 한반도를 포함에서 세계 곳곳에 만연한 종족주의는 세계화나 정치적 자유주의, 보편적 인권과 같은 근대적 계몽의 적으로 부상한 지 오래다. 그러나 종족주의는 비단 최근의 현상으로 규정될 수 없다. 또한 '무리 본능'이 사회적 동물로서의 인간을 이해하는 데 긴요한 단초임에도 불구하고, 항상 인간학적 탐구의 중심에 놓이지는 않았다. 본능과 감정, 정서 등과 같은 인간의 비합리적 특성으로 분류된 사태들은 다윈의 진화론에 의해서 비로소 본격적인 의제로 설정된다. 인간을 동물의 왕국에 속한 개체로 간주한다는 것은 그다지 용이하거나 쉬운 결정이 아니다. 다윈이 등장하기 전에서 홉스(Thomas Hobbes)와 같은 보다 현실주의적인 인간관이 제시되었지만, 비로소 다윈과 뒤이어 등장한 스펜서, 니체 등에 의해서 자연주의적 인간학이 구체화될 수 있었다. 따라서 '종족주의'란 주제 자체는 도덕주의나 그 어떤 형태로든 당위론이 지배적인 사회의 경우, 터부로 취급되는 경향이 있다.

그렇다면 '종족(tribe)'이란 무엇인가? 이 개념은 집단(group)이나 군중(crowd), 혹은 대중(mass) 등과 어떻게 구별되는가? '종족' 개념의 유용성은 우리가 자연주의적 기획에 의미를 어느 정도 부여하는지에 달려 있다. 반면에 군중이나 대중 개념은 시민사회가 형성된 후, 특히 프랑스 혁명과 같은 사회적 운동이나 변혁의 주체로 이들이 등장한 이후 그 실체성을 부여받기 시작한다. 여기서 어떤 개념을 선택하는가의 물음은 단지 이론가의 주관적인 선택이 아닌, 어떠한 학문적 패러다임을 중심에 놓는가에 따라 좌우된다. 따라서 니체의 무리(herd)란 표현은 당연히 규범적 관점이나 이상주의, 혹은 관념론적인 인간관이 아닌, 자연주의를 전제하며, 나는 이 선택이 '종족주의'의 분석에 훨씬 더 기여할 수 있다고 생각한다. 종족주의는 성숙한 인간으로서의 정체성이 형성되는 것을 방해할 뿐만 아니라, 문명화된 사회로의 진화를 가로막는 장애물로 간주되기도 한다. 여기서 중요한 물음이 제기된다. 왜냐하면 '집단본능'은 단지 무리지어 살기를 원하는 기본적인 욕구 이상의 사회정치적 필요에 의한 선택이며, 이 선택의 동기 자체를 본능이나 감정의 차원으로 환원할 수 없는 한에서, 자연주의란 이름의 기획은 궁극적으로 성공할 수 없다는 반론이 가능하기 때문이다.

만약 자연주의가 철저하게 관철되고 규범과 문화에 의해 습득되는 제2의 자연이 무기력하다면, 인간의 향상을 위한 모든 시도들은 시시포스의 노동과 다를 바 없을 것이다. 그러나 이 같은 추론은 역사에서 목격할 수 있는 허다한 예외들을 관찰할 때 비현실적인 사변에 불과하다. 따라서 우리는 인간에 대한 낙관과 비관이라는 성급한 반응에 앞서, 인간을 존재와 당위의 사이에서 방황하는 개체로 간주할 필요가 있다. 하지만 이 같은 유보적인 언급을 감안하더라도 자연주의적 관점은 인간 이해의 한 탁월한 가능성이다. 내가 여기서 자연주의를 '하나의' 가능성으로 간주하는 이유는, 인간이 실재와 초월, 유한성과 무한성의 모순을 잉태한 존재이기 때문이다.

따라서 다윈의 진화론에서부터 본격화되고, 니체와 프로이트 등에 의해 재해석된 자연주의적 인간관을 깊이 있게 들여다볼수록, 우리는 플라톤이나 칸트 등에서 목격하는 이상주의적 인간 해석의 한계를 가늠하게 된다. 하지만 나는 여기서 두 가지 유형의 확연히 구별되는 인간의 이해가 조화될 수 있거나, 하나의 일관된 인간학으로 통합될 수 있다고 주장할 생각은 없다. 오히려 대조적인 두 관점들 사이의 대립은 한 인간이나 집단이 이성적인 삶의 방식을 지향할 때 겪게 되는 난점들을 보다 명확하게 노출시킨다. 여기서 감지되는 이론들 간의 긴장은 규범의 해석을 둘러싼 이론가들 사이에 국한된 것이 아니라, 바로 인간과 집단들 자신의 정체성과 관련된 실존적인 쟁점이기도 하다.

'집단본능'에 대한 논의에 앞서, 인간 자신의 영혼이 내적 모순에 의해 조건 지워져 있다는 사실을 언급할 필요가 있다. 인간의 자기 모순은 단지 사회 속에서 자신의 가치를 발견하고 의미를 추구하려는 성향과 자신만의 고립된 세계 속에서 안주하려는 성향의 갈등을 의미하지 않는다. 타인에게 가까이 다가갈수록 상처받을 가능성이 많아지지만, 그 반면에 타인들로부터 멀어질수록 외로움으로 고통 받기 쉬운 존재가 인간이라는 주장은 틀리지는 않으나 근본적으로 상투적인 차원의 관찰에 불과하다. 인간의 내적 모순은 사회화의 경향과 고립된 자연인이고 싶어 하는 경향의 대립이 아니다. 무엇보다 사회적 규정성 자체가 인간의 숙명적 필연이기 때문에 위에서 거론한 개인 대 사회의 대립적 구도는 피상적인 주장에 불과하다. 인간의 내적 모순은 철저하게 사회적 규정성을 전제한다. 이 같은 정황을 적확하게 파악한 철학자는 바로 칸트다.

> 이제 거칠고 야만적이며 조야한 상태로부터 문화의 단계를 향한 최초의 진정한 단계들이 발생하게 되는데, 문화 속에 본래 인간의 사회적 가치가 놓여 있다. 여기서 모든 재능들이 서서히 계발된다. 취향이 형성되고, 지속되는 계몽에 의해서 심지어 하나의 사고방식이 정립되는데, 그것은 거친 자연의 기질을 시간과 함께 인륜적인 구별을 할 수 있는 특정한 실천적 원리들로 변형시킨다. 그래서

병적으로 어쩔 수 없이 사회와 일치하도록 강제되었던 것이 도덕적 전체로 변형된다.[2]

그의 유명한 '비사교적 사교성'이라는 표현은 일관되게 사회적 존재로서의 인간이 겪을 수밖에 없는 자기모순을 가리킨다. '비사교적 사교성'은 〈세계시민의 관점에서 (본) 보편적 역사를 향한 이념〉이란 짧은 에세이에 등장하는데, 여기서 오해의 소지가 있는 인간의 본성이 바로 '비사교성'이다. 비사교성은 무슨 자연인으로 살고 싶어 하는 고독한 존재의 속성이 아니다. 그것은 오히려 철저하게 사회적 삶 속에서 인간이 자신의 의지와 욕망대로 모든 것을 해석하고 처리하는 과정에서 불가피하게 경험하는 '저항'을 가리킨다. 타인들의 저항에 대응하기 위해, 그리고 무엇보다 자신의 소유욕과 질투, 권력의 욕망을 달성하기 위해 인간은 자신이 지닌 소질과 능력을 최대한 계발하도록 운명 지워져 있고 이것이 바로 자연의 의도라는 것이다. 결국 욕망의 체계인 시민사회나 시장경제, 자본주의적 질서는 모두 자연이 의도한 결과인 셈이다. 이 에세이에는 오늘날에 와서도 설명력을 지니는 칸트의 인간과 역사에 대한 깊이 있는 통찰이 녹아들어 가 있다. 뿐만 아니라, 그의 인간관이 《실천이성비판》에 전제된 이성 중심의 관점을 넘어서 구체적인 경험과 역사의 지평으로 확대되어 있음을 입증한다. 바로 이

2 I. Kant, "Idee zu einer allgemeinen Geschichte," in *Was ist Aufklärung*, Hrsg. Jürgen Zehbe(Göttingen: Vandenhoeck & Ruprecht, 1975), 44.

지점에서 칸트 철학에 대한 아래의 평가는 흥미로운 논쟁을 촉발시키기에 충분하다.

> 그러나 어떻게 이 양심이 생성되고 유도될 수 있는지에 대한 문제는 칸트에게 더 이상 철학적 고찰의 대상이 아니다.[3]

칸트가 낙관적으로 전망한 '도덕적 전체'로부터 양심을 배제하지 않는다면, 그것은 철저하게 '비사교적 사교성'이라는 인간의 모순적 본성으로부터 발현되는 문명화 과정의 결과다. 양심은 그 어떤 경험초월적인 도덕성이나 이성에 의해서 설명되지 않는다. 도덕 자체가 인간이 자신의 의지대로 모든 것을 관철할 때 겪는 사회적 제약과 반발을 통해서만 형성되는 것이다. 그러나《실천이성비판》이나《도덕 형이상학 원론》과 같은 윤리학의 핵심적인 문건에서 칸트는 인간이 모든 경험적 조건들을 배제한 상태하에서 자신이나 타인의 행위를 도덕적 행위로 판단할 수 있도록 해주는 능력이 있다고 보았다. 그리고 이 능력이 바로 '순수 실천이성'으로서의 자율성이며, 오직 이 자율성을 내면화한 존재만이 진정으로 자유로운 인간이자, 윤리적으로 성숙한 개인이라고 말한다. 도덕성은 결국 성숙한 개인이 체득한 제2의 자연이며, 이 새롭게 달성된 자율성이 경험적 조건들로부터 초월한 그 자체

3 양대종, 〈도덕적 양심의 기원에 대한 고찰〉, 《니체연구》(한국니체학회) 제23집(2013), 184.

의 원리에 의해서 설명될 수 있다는 것이 칸트의 확신이다. 그러나 "양심이 생성되고 유도될 수 있는지의 문제"가 반드시 칸트의 역사철학적인 구도 하에서만 다루어져야 한다고 볼 수는 없다. '양심'의 발생적 기원과 관련해서 니체가 칸트보다 더 포괄적으로 논하고 있다는 주장에 누가 동의하지 않겠는가? 그런데 니체의 서술은 단순히 객관적 관찰자의 분석이 아닌—정신분석가들이 통과 의례로 거쳐야만 하는—자기 분석의 결과로도 이해된다. 양심의 가책에 대한 여러 현란한 주장들에는 사디즘과 마조히즘을 동시에 지니고 있던 니체 자신의 체험이 반영되고 있는가?[4]

> (양심은) 유년 시절에 존경하거나 두려워했던 사람들이 규칙적으로 요구했던 모든 것들이다. (…) 양심의 원천은 권위에 대한 믿음이다. 따라서 양심은 인간의 가슴속에 있는 신의 목소리가 아니라, 인간 속에 있는 몇몇 인간들의 목소리인 것이다.[5]

《인간적인 너무나 인간적인》에서의 양심에 대한 입장은 후에 발표된《이 사람을 보라》에서 더 구체화된다. 여기서 '양심의 가책'은 자

---

4 니체의 '가학증/피가학증(Sado-masochism)'에 대한 언급은 안드레아스-살로메에 의해 1894년 제기되었는데, 이에 대해서는 아래 문헌을 참조. Volker Gerhardt, "'Schuld', 'schlechtes Gewissen' und Verwandtes," in *Friedrich Nietzsche: Zur Genealogie der Moral*, Hrsg. Otfried Höffe(Berlin: Akademie Verlag, 2004), 94.

5 프리드리히 니체, 《인간적인 너무나 인간적인 II》, 김미기 옮김(책세상, 2008), 265. 논평문 (3)에서도 이 인용문이 논의되고 있다.

신에게 가해지는 잔인한 폭력이다. 프로이트의 리비도 이론도 도덕의 명령을 대표하는 초자아가 인간의 내면에 가할 수 있는 폭력성을 지적한다. 양심의 발생과 가책에 대한 니체의 인식은 아래에서 검토하게 될 집단본능의 문제와 관련해서도 흥미롭다. 왜냐하면 '몇몇 인간들의 목소리'는 한 집단을 이끄는 우두머리의 목소리일수도 있다. 양심은 지배자의 명령에 대한 복종과 순응주의에서 발생하는가? 그러나, 내 생각에 최소한 니체의 경우 여기서 '양심'이란 현상 자체의 본질이나 그 일반적인 의미가 쟁점이 아니라, '양심에 대한 하나의 지배적인 해석', 특히 기독교 문명이 수천 년에 걸친 반복 학습을 통해 강제해 온 문화권력이 쟁점인 것처럼 여겨진다.[6]

한편 이 같은 발생론적인 설명이 옳다고 해도 일단 형성된 도덕의식이 별개의 특성을 보일 수도 있다는 추정도 가능하다. 예를 들어 우리는 양심에 입각한 결단이나 행위를 그 발생적 기원으로부터 독립해서 관찰하고 평가하는 데 별 모순을 느끼지 않는다. 왜냐하면 양심에 근거해서 기존의 부도덕한 권위에 대해 도전하는 사람들은—최소한 니체의 주장에 의하면—자신의 발생적 기원에 대한 망각이나 배반을 함축해야 하는데, 이 같은 가정 자체는 비현실적이기 때문이다.

이 같은 쟁점에도 불구하고, 양심의 기원에 대한 니체의 통찰이 '종족주의'에 대한 이해의 중요한 단초를 제공한다는 점을 부인하기는

6 이에 대한 자세한 논의는 다음 글을 참조, Jürgen Mohr, "Nietzsches Deutung des Gewissens," in *Nietzsche Studien*, 3.

어렵다. 무엇보다 집단본능은 대부분의 경우, 해당 집단의 우두머리에 대한 존경과 공포를 수반하는 노예적 정서의 체화를 수반하는데, 니체의 양심론 역시 유사한 심리적 기제를 부각시킨다. 자신이 속한 집단의 명령을 거부했을 경우, 양심의 가책과 함께 죄의식 역시 발생하는데, 이러한 유형의 사회적 감정은 특정한 집단의 결속이 유지되는 이유를 설명해 줄 수 있다.

어떤 주장이나 믿음의 정당성에 대한 물음과 그것이 어떻게 발생하고 생성되는가의 물음을 구별하지 않을 경우, 일종의 발생론적 오류에 직면하게 된다는 것은 잘 알려져 있다. 그러나 이 문제는 앞서 황설중의 논평에 대한 내 입장에서 밝힌 대로 그렇게 단순하지만은 않다. 왜냐하면 무엇보다. 도덕적 사태의 정당성에 대한 물음을 장식하는 최초의 전제가 발생적 맥락을 초월해서 설정될 경우, 이는 곧 독단적 전제라는 비판에 직면하거나, 아니면 이를 다시 정당화해 줄 수 있는 전제의 전제를 설정해야 하는 무한 소급의 문제에 봉착하기 때문이다.

이제 보다 구체적인 논의에 앞서, 우리의 탐색은 '집단본능'만이 아니라, 감정과 정서 일반에 대한 이해와 관련해서 걸음마 단계라는 사실을 시인해야 한다. 철학이나 심리학에서 감정이나 정서는 인간의 합리성에 속하는 특성보다 주목을 덜 받았을 뿐만 아니라, 전자를 분석하고 이해하는 개념이나 범주들 자체가 탐구의 대상에 적합하지 않다는 의구심을 불러일으켰다. 이 점에서도 니체의 '집단본능'에 대한 탐색은 비록 체계적인 이론으로 완결되지는 못했으나, 인간의 자기 정체성에 대한 새로운 인식의 돌파구를 열었다고 해도 과언이 아니다. 인간이 자신이 속한 종족이나 집단에 대해 항상 동일한 유형의 반응을 보이고, 전통적인 방식의 사회화 과정을 반복해 왔다면, 지금 우리가 목격하는 세계는 전혀 다른 양상을 보일 것이다. 반면에 칸트의 계몽주의에 대한 신념이 실제 역사의 전개 과정에서 종종 처참하게 배반당했다는 사실은 자연적 필연성으로부터의 해방이 용이하지 않다는 점을 분명히 해준다. 여기서 모두 검토할 수 없는 여러 요인들이 예외적으로 보장된 상황에서만 성숙한 문명이 뿌리내릴 수 있었다는 사실은 일반론을 지향해야만 하는 이론이 항상 겪게 되는 치명적인 약점이다.

자기 보존의 본능과 권력과 부에 대한 욕망, 혹은 헤겔이 강조한 인정을 위한 투쟁이 심화되는 만큼, 이를 통제하기 위한 사회적 강제도 강화될 것이다. 다만 이 '비사교적 사교성'의 모순을 통해서 계발되는 '재능(talent, Talente)'은 칸트의 희망대로 반드시 도덕적인 진화로 이어지기 보다는 오히려 여러 형태의 전략적 합리성을 강화하는 방향으로 귀결된다. 따라서 칸트와 롤스, 하버마스 등이 열렬히 설파한 자유롭고 평등한 주체들의 공동체는 하나의 이정표일 뿐이다.

다음 장에서 검토하게 될 르 봉(Le Bon)과 트로터(Trotter), 프로이트(Freud), 그리고 프롬 등은 자신들의 학문적 여정을 의학에서 시작했으나, 이에 머물지 않고 군중의 심리에 대한 탐색을 통해 인간 이해의 새로운 지평을 확대한 선구자들이다. 성숙한 인간의 형성을 어렵게 만드는 일련의 사태들 중에서 '종족주의'는 단연 주목할 만하다. 이는 다음과 같은 물음을 야기한다. 도대체 '자연의 의도'에 '성숙한 개인'이란 기획이 처음부터 포함되지 않았다고 생각하는 것이 타당한가? 만약 '집단본능'과 같은 인간의 본래적 성향 자체가 바뀌지 않는다면, 보다 탁월한 인격을 향한 종교와 철학의 노력은 이미 실패할 수밖에 없도록 예정되어 있는가? 그것은 자연이라는 텍스트에 영원히 기록되어 있는가?

2 집단 심리학의 모색
르 봉과 프로이트

'집단본능'에 대한 니체의 관심은 그 어떤 이론으로 체계화되지 못했다. 그러나 집단본능에 대한 분석이 도덕 비판의 돌파구를 제공해 줄 것이라는 그의 가설은 여러 흥미로운 통찰들로 이어진다. 계보론은 단순히 도덕에 대한 철학적 논쟁에 새로운 방향을 제시했을 뿐만 아니라, 집단 심리의 새로운 이해를 촉발시킨다. 특히 18세기 말의 프랑스 혁명과 19세기에서부터 오늘날까지 지속되고 있는 여러 형태의 사회 운동은 대중이라는 이름의 집단에 대한 학문적 논쟁을 촉발시켰다. 집단 감정 역시 단순히 개인들의 의식을 넘어서는 사회적 현상으로 간주되면서, 철학과 심리학, 사회학을 아우르는 탐색의 필요성을 불러일으킨다.

이 점에서 1895년 귀스타브 르 봉(Gustave Le Bon)의 《대중 심리학》은 단연 선구적인 저술임이 분명하다.[7] 비록 사회심리학이라는 명칭 하에 집단들의 행위에 대한 새로운 이론들이 20세기에 속속 등장했음에도 불구하고, 르 봉의 고전적인 분석은 단연 돋보인다. 물론 그의 대중심리에 대한 분석은 다분히 1789년 이후 전개된 프랑스 혁명과 사회주의 운동을 대상으로 했다는 한계가 있다고 여겨진다. 따라서 르 봉이 다른 시기의 다른 조건하에서 태동한 대중 집단들에 대해 광범위하게 적용할 수 있는 그 어떤 일반이론을 제공한 것은 아니다. 그럼에도 불구하고 우리는 그가 퇴행적 양상을 보이는 21세기의 '종족주의'를 예견이라도 한 것 같은 인상을 받는다. 르 봉이 주목한 것은 무엇인가? 르 봉은 독립적인 개인이 관찰자가 아닌, 한 집단의 능동적인 참여자가 되는 순간, 경험하게 되는 심리적 변화를 분석하는데, 그것은 그들이 속한 집단이 어떠한 가치들을 지지하고 추종하는가와 관계없이 집단 속의 한 존재가 겪을 수밖에 없는 필연적인 사태이기 때문이다. 물론 자신이 속한 집단을 결속시키는 요인들은 무척 다양하다. 그것은 '종족의 우월성', '애국주의', 혹은 상처받은 자존감의 회복이나, 심지어 상대 집단에 대한 원한의 감정일 수도 있다. 한 집단을 결속시키는 것은

7 Gustave Le Bon, *The Crowd: A Study of the Popupar Mind*, From the 1896 Translation("This book's body text is in the public domain, and may be replicated and distribute freely for non-commercial purposes." 아마존에서 구입한 책의 속표지에서 인용). 여러 한글 번역본들 중에서 귀스타브 르 봉, 《군중심리학》, 민문홍 옮김(책세상, 2014), 참조.

단지 우두머리의 카리스마나 공통의 이념만이 아니다. 이념은 대개의 경우 추상적인 차원의 사고 능력을 통해서 체화되어야 한다는 한계에 노출되기에 집단의 결속에 보다 효과적인 수단은 타 집단에 대한 질투와 분노, 불안과 같은 정서 감응 체계에 의존하는 것이다. 질투와 복수심 같은 부정적 감정은 종종 해당 집단이 표방하는 **행복과 미래, 연대, 평등** 등과 같은 가치들보다 훨씬 더 효과적으로 해당 집단을 하나의 통일된 조직으로 만들어 준다. 한 가지 확실해 보이는 것은 대중 집단의 결속력과—심지어 테러나 혁명으로 분출되는—타 집단에 대한 배타적 폭력성은 그 집단이 보편적인 의미의 규범이나 원칙이 아닌 특정한 가치들이나 이데올로기를 통해서 결집되었을 때 강화된다는 것이다.

특히 르 봉은 '심리학적 의미의 대중'이란 개념 자체를 자연주의자의 관점에서 그 고유의 동학(dynamics)을 중심으로 추적한다.[8] 그는 무엇보다 단일 세포들이 뭉쳐 복합적인 유기체를 형성했을 때 전자와는 전혀 다른 양상을 보인다는 사실에 주목한다. 개인은 일단 대중의 일원으로 편입되면서 과거에는 전혀 관찰될 수 없었던 새로운 감정과 생각, 행위, 삶의 방식들을 보이기 시작하게 된다. 그렇다면 도대체 어떠한 원인들에 의해서 이 같은 변화가 발생하는가? 집단 심리가 형성되는 과정에 작용하는 원리들은 세 가지다.

---

8 Le Bon, *The Crowd: A Study of the Popupar Mind*, 11.

첫째, 사람들은 수적으로 다수인 집단에 속함으로써 자신도 다른 존재들이 범접할 수 없는 엄청난 힘을 지니게 되었다는 감정(A sentiment of invincible power)에 사로잡힌다.

둘째, 집단 속에서 사람들이 느끼는 감정과 행동은 매우 쉽게 '전염(contagion)'된다는 것이다.

마지막으로 대중들은 집단 속에서 자신들의 욕망과 본능, 감정을 자극하는 여러 형태의 '암시(suggestibility)'에 쉽게 농락당한다.[9]

집단본능의 발현은 단연 생명체로의 진화가 발전이 아닌 퇴행으로 간주되어야 한다는 점을 가리킨다. 집단은 일반적으로 진취적이거나 모험적인 제안을 거부하는, 즉 근본적인 의미에서 '보수적인 양태'를 보일 수밖에 없다. 그것은 어린아이나 미개한 상태로의 퇴행인 것이다. 그러나 르 봉이 집단의 모든 행위를 부정적으로 표현한 것은 아니다. 경우에 따라서 집단 속의 개인들은 이기심을 뒤로하고 영웅적인(heroic) 결단을 통해 자신을 희생할 수도 있기 때문이다.[10] 그러나 이 역시 그 어떤 이성과 양식에 입각한 판단력을 수반하는 것이 아니라, 정서적 과잉 내지 흥분 상태를 수반하는 한에서 의식이 아닌 '무의식'의 작용한 결과다.

르 봉은 특히 종교 문화와 관련해서 대중 집단이 보이는 심리적

9 위의 책, 12-14.

10 위의 책, 22.

자기 분열을 언급하는데, 그것은 대중이 서로 상충되는 이념들 사이의 논리적 모순에 대해 무감각하다는 것을 말해준다. 그 결과 상호 충돌하는 이념들이 하나의 종교 집단 내에서 혼재되어 있다는 것이다. 대중에 만연한 '절충주의'적 태도는 특히 종교 집단의 경우 뚜렷하게 관찰된다. 집단본능이나 감정에 사로잡힌 존재들은 이성이나 비판 정신의 가치를 우선적으로 추구하는 존재들과 다른 세계에 살게 된다. 그 결과 현실과 환상의 구별 자체가 희미해지고, 미래에 대한 헛된 희망과 기대, 과거에 대한 무의미한 후회의 감정이 뒤섞인 집단의 나르시시즘이 고착된다. 집단본능이나 집단 감정이 병리적 증상으로 발현될 수 있다는 사실은 오늘날 여러 형태의 호전적인 집단들의 행위로 입증된다. 집단 감정이 해당 집단 구성원들 사이에 전염될 수 있을 뿐만 아니라, 이 집단과 경쟁 관계에 놓여 있다고 추정되는 집단에 의해서도 모방되고, 학습될 수 있기 때문에 '종족주의' 역시 고도의 전염성을 지니는 사회적 질병으로 간주되는 것이 타당하다.

군집 동물, 혹은 집단적으로 살아가는 동물로서의 인간학적 특징은 트로터에 의해서도 분석된다.[11] 1908년 이후 당시 《사회학 평론(The Sociological Review)》에 발표된 그의 연구는 상당 부분 다윈과 니체, 그리고 르 봉 등에 의해 선취되었다 해도 과언이 아니다. 반면에 철학자들은 인간을 '정치적 동물'로 규정한 아리스토텔레스를 인용하지만,

11 Wilfred Trotter, *Instincts of the Herd in Peace and War*(Cornell University Library Digital Collectionss, 1916).

이를 철저한 자연주의적 관점에서 분석하는 데 익숙하지 않다. 동물로서의 인간보다 로고스를 지닌, 다시 말해서 언어를 통해서 의사소통을 하는 정치적 존재로서의 인간이 더 부각되는 경향이 있다는 것이다. 근세 이후부터 20세기 롤스(J. Rawls)에 이르는 계약 이론 역시 토론과 합의의 과정을 통해서 바람직한 공동체의 규범을 정당화할 수 있는 존재로 인간을 묘사하는 데 열성을 기울여 왔다. 의사소통적 합리성 이론을 구축해 온 하버마스도 인간을 근본적인 의미에서 규범적 존재로 전제한다. 이 같은 해석은 상당히 편향적일 수 있다. 우리는 로고스에 경도되기 전에, 무엇보다 먼저 왜 인간이 항상 군집을 이루어 살고자 하는지에 대해 탐색할 필요가 있다. 무엇보다 지구상에 만연한 '종족주의'의 광기가 보다 자연주의적 관찰에 충실할 것을 요구하기 때문이다.

동일한 맥락에서 프로이트가 1920년대 전반에 시도한《대중 심리학과 자아 분석》에는 르 봉과 트로터의 저술에 대한 논평과 함께, 아직 채굴되지 않은 통찰들이 산적해 있다. 여기서 이미 무의식은 개인만이 아닌 집단의 수준에서도 의미 있는 가설로 전제된다. 잘 알려진 것처럼 융(K. G. Jung)에 의해 시도된 무의식 개념의 확장은 대중 심리학의 정립에 기여한다. 집단적 무의식의 발현 과정은 개인들의 심리적 변화와 다른 궤적을 보인다. 전자의 경우, 개인이 지니는 성격들의 차이나 감정의 개별성은 사라지고 획일화된 집단 감정 속으로 용해되는데, 이 과정에서 상상력이 논리적 추론의 능력보다 우위에 놓이게 되는 것은 당연하다. 집단의식의 포로가 될 때, 그들이 믿는 바가 사실인가 아닌가의 여부는 그다지 중요하지 않다. 그들의 마음을 사로잡는 것은 우상시되는 존재의 이미지이며, 이를 자신과 동화시키는 중요한 과제가 부여된다. 따라서 자신들이 속한 집단의 단순한 메시지가 반복되면서 일종의 집단적 최면 상태에 돌입하게 된다. 이러한 상태가 지속되면서 영혼 자체는 비가역적인 변화를 경험할 수도 있다. 자율성의 잠식과 함께 형성된 집단 감정과 집단본능은 영혼의 내부에서, 욕망과 충동, 자기 보존의 욕구들을 더욱 강화시키게 된다. 그 결과 자신이 평소에 지녔던 열등감과 죄의식으로부터 해방되어, 집단 무의식에 의해 자신이 실제로 지배당하고 있다는 사실도 인지하지 못하게 된다. 비판적인 사고가 배제되면서 자신의 집단이 지향하는 목표나 가치들이 상호 모순될 수 있다는 생각으로부터도 차단된다. 집단 내에서 발현되는 저급한 감정과 충동은 보다 고상한 감정을 압도하며, 따라서 지적으로 하위에 놓여 있는 구성원들이 상대적으로 보다 지적인 구성원들을 저급한 수준으로 끌어내리기도 한다.

심리적 강요와 다수와 함께 해야 한다는 순응주의적 생존 전략, 공유하는 감정과 흥분의 용광로 속에서 체감한 일시적 황홀감 등은 종종 집단의 우두머리에 대한 맹종을 넘어 자기희생으로 귀결된다. 이로써 한때 주술 시대의 무당들과 사제들이 독점적으로 해석하고 장악했던 마술적 힘이 다시 부활한다. 계몽과 이성의 시대가 가시화되면서 사라지거나 억제된 듯이 보였던 영혼 속의 어두운 힘들이 다시 깨어나기 시작하는 것이다. 당연한 언급이지만 집단의 익명성하에 자신을 은폐하면서 다수의 개인들은 자신들에게 귀속되어야 할 책임 의식으로부터 자유로울 수 있다고 착각하게 된다.

집단의 지도자는 '전능한 힘'을 지닌 종교적 카리스마를 후광으로 집단 내 구성원들의 희생을 요구하기도 하는데, 이는 앞서 언급한 '자기 보존의 본능' 역시 집단본능의 압도적인 힘 앞에 굴복될 수 있음을 가리킨다. 전능한 지도자에 대한 신뢰만큼 대립하는 집단에 대한 분노와 불안은 증폭된다. 이러한 집단본능은 근본적으로 퇴행적일 뿐만 아니라 새로운 생각과 혁신에 대해 방어적이다.[12] 집단본능이 지배적일수록 이에 속한 개인들의 지적 능력은 고갈되거나 왜곡되기 마련이다. 그런데 프로이트는 인륜적 관점에서 대중 집단에 속한 인간들이 오히려 더 큰 자기희생을 감수하거나 고상한 이상을 추구할 수 있다고 주장한다.[13] 심지어 그는 대중 집단의 윤리적 수준이 독립적인 개인보다 탁월할 수도, 저급할 수도 있다는 여지를 남겨 놓기도 한다. 그러나 나는 프로이트의 주장이 대체로 사변적인 추정에 가깝다고 여긴다. 왜냐하면 겉으로 드러난 자기희생이나 추구하는 이상에 대한 헌신 등이 과연 집단본능에 의해 좌우되는 존재들의 숙고에 의한 자율적인 선택이 아닐 가능성이 높기 때문이다. 지적인 퇴행의 양상을 보이는 대중 집단 속의 인간이 도덕이나 인륜적 측면에서는 고양된 모습을 보인다는 것

12 Sigmund Freud, "Massenpsychologie und Ich-Analyse," in *Gesammelte Werke* XIII, 8th ed.(Frankfurt am Main: S. Fischer Verlag, 1976), 80(Originally London: Imago Publishing Co.,1940).

13 위의 책, 84.

은 섣부른 판단이다. 게다가 프로이트가 언급한 이상(the Ideal) 역시 그가 속한 집단에 의해서만 인정받고 정당화될 수 있는 배타적인 성격의 이상일 가능성도 배제될 수 없다.

프로이트는 집단본능의 전염성을 최면에 걸린 개체 존재들을 통해 설명한다. 나는 원칙적으로 이에 동의하지만, 최면과 같은 일상적이지 않은 경우와 함께, 이미지와 언어를 통한 심리적 암시도 일정한 역할을 수행한다고 여긴다. 최면은 전통 사회에서 발견되는 주술과 동격이다. 주술에 걸린 존재는 자신의 인격성을 상실한 '의지가 없는 자동기계', 즉 요즈음 유행하는 표현으로 '좀비'를 가리킨다.[14] 그런데 여기서 집단 최면이나 암시를 주도하는 자는 다양한 얼굴로 등장할 수 있지만, 그 본질은 변함없다. 무당이나 주술사가 주도한 상징의 조작을 오늘날에는 전문적인 이미지 연출가들이 담당하게 되었다는 사실은 '집단본능' 자체의 보수적 특성 앞에서 그다지 중요하지 않기 때문이다. 그런데 집단본능 자체는 자연의 의도(?)인가? 인간이 동물과 달리 본능에 의존해서 생존하기 어려운 상황에서 집단 나르시시즘은 궁극적으로 그 집단에 속한 개별 존재의 생존 가능성을 높여 주는가?[15] 집단본능은 자연선택의 한 방식으로 간주되어야 하는가?

---

14 위의 책, 81.

15 E. Fromm, "Individual and social narcissism," in *The Heart of Man*(NY: American Mental Health Foundation Inc, 2010), 70(Originally New York: Harper & Row, 1964).

3 남은 문제들

양대종의 논평은 마지막 부분에서 몇몇 중요한 질문들을 제기하고 있는데, 그중에서 첫 번째 질문은 비도덕적 사태와 규범, 혹은 가치평가의 연관에 대한 물음이다. 이는 니체의 자연주의적 기획으로부터 어떻게 규범적 범주들이나 가치판단의 원리가 정당화될 수 있는지 묻고 있다. 이 물음은 마치 제1의 자연으로부터 어떻게 제2의 자연이 발생할 수 있는가를 묻는 것 같다. 후자에는 당연히 습관과 성격, 혹은 모든 문화적 제도와 관습이 포함될 것이다. 혹은 '원인들의 영역(the realm of causes)'이 '이유들의 공간(the space of reasons)'과 어떻게 구별되고 상이한 방식으로 작동하는지에 대한 물음으로도 이해된다. 다만 나는 니체 스스로가 암묵적으로 전제한 특정한 규범이나 가치들의 타당성을 완전히 배제한 상태에서 자신의 자연주의적 기획을 관철시키는 것은 불가능하다고 생각한다. 그것은 수행적 자기모순에 직면할 수밖에 없다.

두 번째 질문은 구체적일 뿐만 아니라, 논의의 맥락이 분명해 보인다. 내가 '나쁜 양심(bad conscience)'은 죄의식(guilt consciousness)과 흔히 혼동되지만 이 두 개념이 동일한 심적 상태를 지칭하는 것은 아니라고 생각하는 이유 중의 하나는 후자가 나쁜 양심과 달리, 그 동물적인 기원을 노출하기 때문이다.[16] 양심과 죄의식은 전형적으로 군집 생활을 통

16 임홍빈, 《수치심과 죄책감》(바다출판, 2013), 85.

해서 내면화된다. 그런데 의식은 내면의 공간이 형성되었다는 것을 전제하기에, 단순한 정서의 반응이나 감정의 기복보다 더 성숙한 상태의 개체 존재를 가정하게 된다. 양심의 가책이나 죄의식은 옳고 그름에 대한 인식 이전에, 자신이 속한 집단으로부터 분리되거나, 배제될 경우 야기되는 불안과 공포에 기원을 두기에 '나쁜 양심'보다 더 집단본능에 의해 지지된다. 그렇다면《도덕의 계보》(II, 4)에서 이 두 표현을 동일시하는 니체의 인식 자체에 문제가 있는가? 논평자가 묻고 있는 것처럼 그것들은 서로 다른 사태를 가리켜야 하는가? 결론부터 말하면, 나쁜 양심이 죄의식과 동일시될 수 있는 것은 오직 기독교의 오랜 지배적인 영향력이 하나로 통합된 규범의 강제력으로 작동했기 때문이다. 따라서 원래 죄, 혹은 부채로도 이해되는(Schuld, Guilt) 사태는 나쁜 양심과 도덕화의 과정(the process of moralization)을 통해서, 그리고 보다 정확하게는 도덕적 해석의 내면화 과정을 통해서(push back in bad conscience, Zurückschiebung in's schlechte Gewissen) 하나의 단일한 심적 상태로 붕괴되었다고 볼 수 있다.

따라서 기독교의 의미론적 질서가 지배적이지 않은 문화들이나, 기독교 이전의 고대 그리스 문명에서 발견되는 행위자들은 '도덕적 의미의 죄의식이 없는 나쁜 양심의 존재들'로 이해될 수 있는 여지가 주어진다. 그리고 이는 양대종이 상술한 '주권적 개인'이 모든 도덕과 규범을 초월한 존재가 아니라, 제2의 양심, 즉 자연의 오묘한 전개에 의해 등장할 수 있는 고상한 존재이자, 스스로의 말과 행위에 대해 책임질 수 있는, 진정한 의미의 자율적 존재가 가능할 수 있는 근거이기도 하다. 다만 여기서 이 주권적 개인이 모든 실존적 개인들이 추구할 수 있는 가능성으로 주어진 것은 아니다. 약속을 하는 것이 허용될 수 있는 존재는 오직 예외적인 경우에 국한된다. 궁극적인 자유는 기존의 전래된 도덕관념으로부터의 해방을 전제한다. 그러나 문제는 도덕적 관념 자체가 아니라, 종교와 형이상학 등에 의해 해석된 도덕들이다. 집단의 본능은 강자와 권위 있는 존재들에 순응하는 무리들의 도덕(Herrenmoral, Herd Morality)을 개별 인간들의 내면에 이식시킬 뿐만 아니라, 이는 형이상학의 조력하에 추상적 가치에 대한 맹목적 확신으로 심화되었다는 것이다. 대부분의 사람들, 즉 집단에 속한 평범한 사람들은 자신들이 기계적으로 추종하는 도덕이 도대체 어떻게 발생했는지 묻지 않는다. 양심에 따라서 행위해야만 한다는 명령이 어떠한 조건들로부터 형성되었는지 철저하게 묻지 않는 태도는 지적인 측면에서 정직하지 못한 비겁한 태도이기 때문에 이런 인간들이 추종하는 무리들의 도덕 역시 폐기되어야 한다는 것이다. 피상적이고 검증을 거부하는 다수의 도덕보다 지적인 양심이 먼저 발동되어야 진정으로 기성의 권위와 종교나 형이상학에 의해 왜곡되지 않은, 자신의 본래적인 정신, 자유의 정신이 회복된다는 것이다.

그러나 니체의 자유로운 정신(der freie Geist)이 모든 인간이 존엄하고 평등한 존재라는 자유주의의 보편적 관념으로 연결되는 것은 아니다. 만약 인간이 자기 자신만의 이상을 찾지 못한다면, 그러한 존재는 자유로운 주체가 아닐 뿐만 아니라, 자신이 무엇을 원하는지도 모르는 상태에 놓여 있다. 《즐거운 지식》(4부 335절)에서 니체는 분명히 타인의 이상이나 모든 사람들의 이상은 결코 나의 이상, 나만의 고유한 이상이 될 수 없다고 단언한다. 따라서 평등이나 연대와 같은 구호처럼, 민주주의 사회에서 식상할 정도로 유행하는 이상들은 자유로운 정신과 무관한 정치적 슬로건일 뿐이다. 그래서 지적인 정직성과 주권적 개인의 이상은 실존적 차원의 나르시시즘을 연상시킨다. 다만 모든 개별 인간들이 유일무이하게 예외적 존재라는 니체의 인식이 매력적인 만큼, 이에 대한 집착은 경우에 따라, 사회적 실존을 위태롭게 이끌어 갈 수 있는 함정이 도사리고 있다.

왜 그러한가? 그것은 니체가 의지의 힘이라는 형이상학적 인간관을 고수하는 한에서 불가피하다. 나는 바로 이 지점에서 하이데거의 니체 해석이 일리가 있다고 여긴다. 우리는 겉으로 보이는 니체의 귀족주의적인 인간관의 배후에 검증되지 않은 형이상학적 전제가 깔려 있다고 추정할 수 있다. 사실상 귀족의 가장 중요한 특징인 그 어떤 혈통의 순수성이나 생물학적, 사회적 위계질서는 자유로운 정신의 실현에 결정적인 의미를 지니지 않는다. 반대로 수많은 귀족들은 정신적 노예 상태로 자신의 신분이 오히려 지적 성장의 거대한 장애로 작용했음을 볼 수 있다. 자유는 한 인간이 지니고 육성해야 하는, 힘을 향한 의지에서 비롯하며 그것은 자기 인식의 정직성에 근거한다.

힘은 흔히 정치적 의미의 권력으로도 읽히나 근본적으로는 형이상학적의 의미를 함축한다. 자기 자신을 지속적으로 극복해 가는 존재는 다윈주의가 말하는 생명체의 자기 보존과 적응이 아닌 '힘에의 의지'가 구현된 인간이다. 그러나 창조적으로 자신의 한계를 극복해 가는 존재가 체감하는 '힘의 감정(Machtgefühl, Feeling of Power)'과 달리, 자본의 증식에 목 매단 주식 투자자들, 종교적 광신도들, 서구 문화의 우월성을 확신하고 페루와 멕시코 문명을 파괴한 식민주의자들 모두 '힘에 대한 탐욕(Machtgelüst)'에 사로잡힌 존재들일 뿐이다. 21세기에도 관찰되는 인간 군상의 탐욕은 《아침노을》(4권 204절)에서 절절하게 묘사된다. 여기서 또 하나의 중요한 통찰은 힘에 대한 탐닉과 광기가 '양심(Gutes Gewissen, Good Conscience)'에 대한 왜곡된 해석을 수반한다는 사실이다. 신의 이름으로 잔인한 행위를 일삼는 '기독교인들'이나 빠른 재산의 증식을 겨냥한 주식 투기꾼들은 모두 자신의 행위가 옳으며, 양심에 위배되지 않는다고 확신한다. 여기서 양심은 자기기만이 전도된 경우다. 자신이 양심의 소유자란 생각의 바탕에는 권력에 대한 맹목적 집착이 놓여 있다. '종족주의'의 신화를 맹목적으로 추종하는 '최후의 인간'들도 권력에 대한 욕망에서 해방되지 못한다.

바로 이 점에서 자유로운 정신만이 유일한 '주권적 개인'일 수 있으며, 이 존재만이 "약속을 하는 것이 허용된" 존재다. 그런데 과연 모든 형태의 순응주의나 기성의 종교와 도덕주의, 정치적 구호로 전락한 평등주의와 같은 집단의 이념으로부터 해방된 실존은 가능한가? 주권적 개인의 삶을 위한 그 어떤 기술적인 전략이나 획일적인 처방은 무의미하다. 이로써 '검증되지 않은 인생은 살 만한 가치가 없다'는 소크라테스의 주장이 다시 새롭게 다가온다. 니체의 선언으로 인해서 소크라테스의 권고는 더욱더 긴박한 메시지로 부각된다. 그러나 이와 같은 고상한 권유가 도대체 허무주의의 시대에 어떠한 의미가 있다는 말인가? 그래서 양대종의 마지막 질문, 근대의 위기가 초래한 허무주의를 어떻게 해석할 것인가의 물음은 사실상 개인적인 성격의 답변을 요구하고 있는 것처럼 여겨진다. 이 책의 마지막 장, 〈절대의 심연〉은 바로 이 물음과 씨름한 흔적이다.

제4부

왜 기술은 인간의 숙명인가?

임홍빈의 기술 철학에 대한 평가와 의의 권영우

왜 기술은 숙명적 질서인가? 임홍빈

임홍빈의 기술 철학에 대한 평가와 의의*

권영우

1 임홍빈의 기술 철학에 대한 평가와 의의에 관한 소고 《기술문명과 철학》을 중심으로

기술은 아주 오래전부터 삶의 도구로 사용되었다. 그리고 기술의 결과물들은 삶의 필수적 요소가 되었다. 인간은 기술을 통해 만들어낸 갖가지 제품과 무기 그리고 문명들에 많은 찬사와 경의를 표한다. 예를 들어 우리는 고대 문명이 남긴 엄청난 규모의 유적들을 보면서 아직도 정확히 알려지지 않은 그들의 기술력에 감탄한다. 거대한 돌들을

* 이 글의 일부는 필자의 논문(〈'과학기술시대'라는 시대규정은 타당한가? — 과학기술에 대한 후설과 하이데거의 비판을 중심으로〉, 《헤겔연구》[한국헤겔학회] 제51호[2022], 49-87)으로 게재된 바 있음을 밝힌다.

운반하여 쌓고 측량하는 기술이 없이는 고대인들이 이룬 거석 문명은 존재할 수 없었을 것이다. 과거 막강한 권력을 가졌던 지배자들은 당시 최고의 기술을 정복 활동이나 자신의 권력을 과시하는 도구로 사용했다. 또한 파리의 센강 변에 늘어선 석조 건축물들은 한때 프랑스가 누렸던 막강한 힘과 부를 잘 보여 준다. 그리고 오늘날에도 소위 강대국으로 불리는 나라들의 대도시들에서는 예외 없이 최첨단 기술 문명이 화려함을 뽐내고 있다.

기술은 문명사적으로 볼 때 권력과 불가분의 관계를 가진다고 볼 수 있다. 기술은 때로는 힘 자체이기도 했으며, 힘을 얻게 해주는 매개이기도 했고, 힘을 유지시키고 보여 주는 도구이기도 했다. 석기시대, 청동기시대, 철기시대로 시대를 구분하는 것은 인간이 어떠한 재료로 도구를 만들고 문명을 건설했는가에 따라 시대와 권력이 바뀌었는지를 보여준다. 나무나 동물의 뼈를 사용하던 시대에서 어떤 집단이 돌을 정교하게 다루고 석기를 만들기 시작하면서 목기를 사용하는 집단과 석기를 사용하는 집단 간의 힘의 균형은 깨질 수밖에 없었을 것이다. 마찬가지로 석기를 사용하던 시대에 어떤 집단이 청동기를 제련하기 시작했다면 청동기를 사용하는 집단이 권력과 부를 독차지하게 되었을 것이다. 청동기시대에는 청동보다 더 강한 철기를 사용하는 집단이 출현함으로써 청동기를 사용하던 집단들은 정복의 대상이 되고 말았다.

이러한 상황은 아직도 여전히 진행 중이다. 더 발전한 기술을 선취하는 것이 오늘날 자유 시장 경쟁 체제에서 시장을 선점하고 시장을 장악하는 필수적인 조건이 되었다. 그리고 경제적 부가 국력 신장의 중요한 열쇠라는 점은 비단 오늘날뿐만 아니라 과거에도 부정하기 힘든 사실이었다. 이렇듯 '무엇을 위한' 기술의 도구적 의미는 기술에 대한 여러 다양한 해석과 견해에도 불구하고 전혀 퇴색되지 않았다고 생각된다. 그럼에도 최소한 20세기에 들어 기술은 인간이 자유롭게 통제할 수 있는 도구적 성격을 넘어 새로운 지평으로 발전하게 되었다는 점에 대해선 이견을 갖기 힘들 것이다.[1]

기술은 인류가 지구상에 출현했을 때부터 지금까지 인간이 만들고 사용하는 일종의 도구로서 기능하고 있다. 하지만 이제 기술은 단순한 도구가 아니라 인간의 삶 자체가 될 수 있는 가능성을 우리는 오늘날 분명히 보고 있다. 다시 말해 기술은 인간의 생체적 활동과 독립되거나 외부적인 것으로 이해되었던 과거와 달리 생명공학과 의료 기술, 기계공학, 뇌신경 과학, 전지공학 등과 같은 학문들의 발전과 협업의 결과로 인간의 생체 기관을 대체하거나 강화 또는 노화를 극복할 수 있는 기회를 제공하고 있다. 즉 기술은 이제 인간 외부에서 작용하고 인간의 생체와 섞일 수 없는 기계적인 것이 아니라 인간의 생체뿐만 아니라 생명체와 내적으로 결합하게 되었다. 오늘날 우리 시대는 기술의 발

1 이러한 점은 하이데거에 의해서 잘 파악되고 있다. 마르틴 하이데거, 《기술과 전향》, 이기상 옮김(서광사, 1993), 35–55; M. Heidegger, "Die Frage nach der Technik," in *Gesamtausgabe* 7(Pfullingen, 1978), 30–32.

전으로 인해 기계와 생명의 경계도 모호해지게 되었다. 이러한 현상은 오늘날 트랜스휴머니즘으로 활발히 논의되고 있다.

이러한 시대적 상황 속에서 기술은 임홍빈에 따르면 이미 인간의 삶과 분리될 수 없는 "운명"이자 "문화"며 다른 한편으로는 "현대의 우상"이 되어 버렸다.[2] 기술이 도구적 성격을 넘어 자신의 지평을 매우 급진적으로 확대해 나아가고 있는 시대적 상황 속에서 임홍빈의 기술 혹은 기술 문명에 대한 철학적 성찰은 상당히 의미 있는 연구 성과로 평가된다. 특히 과학기술이 그 어떤 나라보다도 급성장했으며 이를 통해 단기간에 급속도로 산업화를 이룬 한국 사회에 임홍빈의 기술철학적 논의들은 매우 가치 있는 철학적 성과라 할 수 있을 것이다. 현대 기술 문명에 대한 그의 철학적 연구들은 기술에 대한 철학적 의미 분석 이외에도 과학기술이 미치는 전방위적인 영향력과 그로 인해 생길 수 있는 실천적 문제들을 여러 관점(정치철학, 환경 생태 윤리, 문화철학, 젠더 연구 등의 관점)에서 분석하고 있다. 특히 그는 고도의 과학기술 사회로 진입한 한국에서 한국 철학이 지녀야 할 고유한 방향성과 정체성에 대한 고민도 놓치지 않고 있다.[3] 이는 그가 단순히 철학 이론을 연구하는 것을 철학 본연의 역할로 생각하기 쉬운 국내의 철학 연구 풍토 속에서 자신의 눈으로 세계와 인간을 독자적으로 바라보고 이해하고 해석

2 임홍빈, 《기술문명과 철학》(문예출판사, 1995), 52, 54. 임홍빈, 〈과학기술에 대한 서양철학적 성찰〉, 《공학윤리》(철학과현실사, 2003), 68 이하.

3 임홍빈, 《기술문명과 철학》, 373 이하.

하려는 자유로운 정신의 사유 활동을 전개했음을 뜻한다. 이러한 자유로운 정신의 사유 활동이야말로 "철학적 사유가 지나간 철학사 속에서 태동했던 고전적인 이론들을 전승하거나, 해석하는 데에 안주"하는 것으로부터 벗어나 철학적 사유의 본질 — 필로소피아(philosophia)로서의 철학 — 임을 그는 강조하고 있다.[4] 그리고 그의 기술 철학 자체가 "깨어 있는 삶"으로서 그 자신이 위에서 언급한 철학적 사유를 수행한 좋은 본보기가 된다고 본 필자는 생각한다. 이미 30년 가까이 지난 지금도 그의 이러한 기술 철학적 연구성과에 필적할 만한 기술 철학에 대한 국내의 연구 성과가 아직도 많지 않다는 점에서 기술 철학 분야에 있어 임홍빈의 연구 업적은 상당한 의미와 가치를 지닌다고 평가된다.

특히 그의 기술 철학적 연구는 과학기술이 윤리와 사회 그리고 정치와 밀접한 관련성을 맺고 있다는 점을 면밀히 분석함으로써 현대 사회에서 과학기술이 지니는 중요한 함의를 잘 보여준다. 그는《기술 문명과 철학》에서 기술 문명에 대한 다양한 입장들을 살피면서 과학기술에 대한 전반적인 분석과 진단을 시도하고 과학기술에 대한 성찰과 함께 우리가 반드시 살펴봐야 할 이 시대—과학기술 문명 시대—의 실천적 주제들을 검토하고 있다. 이러한 연구가 지닌 의의는 과학기술이 초래할 수 있는 문제에 대한 성찰은 과학기술에 대한 비판적 이해만을 의미하지 않고, 이미 실천적 문제에 대한 성찰일 수밖에 없음을 지적해

---

4 위의 책, 39.

주고 있다는 점에서 찾아진다. 왜냐하면 과학기술이 초래한 그리고 초래할 문제들에 대해 성찰하는 것은 우리가 살고 있는 시대에 대한 우리 자신의 성찰을 담을 수밖에 없기 때문이다. 즉 과학기술에 대한 성찰은 "실천 지향적"일 수밖에 없다.[5] 그리고 과학기술의 발전으로부터 생겨난 문제의 해법은 과학기술의 발전 속에서 찾아지기보다는 오히려 인간의 실천적 노력과 결정 속에서 특히 규범적이고 정치적인 영역 속에서 찾아진다는 점을 임홍빈은 잘 보여 주고 있다.[6] 특히 합리성에 대한 비판적 성찰이 20세기에 들어 상당히 많은 연구자들에 의해 이루어지고 있는 것은 현대 과학기술 시대에 대한 비판적 성찰과 동반될 수밖에 없음을 그는 잘 보여 주고 있다. 임홍빈에 따르면 합리성에 대한 비판적 성찰이 이성에 대한 맹목적 거부를 지향하기보다 이성에 대한 맹목적 신뢰에 대한 비판을 통해 이성에 대한 우리의 실천적 태도에 균형을 잡으려는 시도였다는 점을 강조하면서,[7] "단순한 기술 비관론이나 기술 낙관주의에 대한 일방적인 지지"[8]를 지양하려는 시도를 하고 있다.

이러한 그의 시도는 20세기에 걸쳐 전체 철학계 내에서 크게 두 진영으로 양분되었던 입장들이 각각 지닌 과학기술에 대한 태도를 보다 균형잡힌 시각으로 이끌려는 시도로도 해석될 수 있을 것이다. 이

5 위의 책, 18.

6 위의 책, 54. 여기서 다음과 같이 말하고 있다. "기술체계로부터 파생되는 대부분의 실천적 문제들이 다시 기술적 방식에 의해서 해결될 수 없다는 것이다."

7 위의 책, 제1장 2절.

8 위의 책, 56.

러한 그의 시도는 "과학 지향적 철학"이라고 볼 수 있는 분석철학의 과학에 대한 태도와[9] 과학에 대한 비판과 거리두기를 통해 인문학적 영역의 독자성을 과학으로부터 독립적으로 확보하려 했던 철학적 입장[10] 사이에서 균형점을 찾으려는 것으로 보인다. 물론 그는 인문학으로서의 철학이 지닌 가치를 인문학적 상상력의 관점에서 볼 때 과학주의적 입장보다 더 긍정적으로 평가하고 있다.[11]

과학기술에 대한 여러 학문 분야의 고찰은 다양한 경로와 다양한 입장에서 20세기를 거쳐 현재까지 지속되고 있다. 이러한 고찰들 속에는 과학기술과의 직접적인 관련성에 천착한 나머지 과학기술을 둘러싼 실천적 문제들을 매우 협소하게 다루거나 아니면 실천적인 것과 무관하게 과학기술을 바라보는 입장도 있고, 과학기술에 대한 비관론적 입장을 강하게 피력하여 과학기술의 가치와 의미를 제대로 보지 못하는 입장도 있으며, 과학기술에 금빛 미래의 희망을 거는 입장도 있다. 하지만 과학기술에 대한 철학적 고찰이 유념해야 할 점을 다음과 같이 임홍빈은 잘 지적해 주고 있다.

> 기술 지상주의나 과학 만능주의에 대한 비판이 합리적인 이성을 전면적으로 부정하는 것도, 아니며, 오히려 이성, 합리성의 한계에

9 위의 책, 388 이하.

10 위의 책, 66-68.

11 위의 책, 390 이하.

대한 몰지각이 비합리적인 결과를 낳을 수 있음을 인식하는 것이 중요하기 때문이다.[12]

이성과 합리성에 대한 비판이 이성과 합리성에 대한 거부만을 의미하는 것이 아닌 것처럼 과학기술에 대한 철학적 성찰은 비판과 함께 인간이 어떻게 과학기술 시대를 살아가야 하는가에 대한 포괄적인 실천적 성찰을 의미하게 됨을 임홍빈은 잘 보여 주고 있다. 이런 점에서 볼 때 그가 기술철학을 통해 말하고자 하는 중요한 요지는 과학기술에 대한 여러 입장들이 탈정치화 되고 있는 것을 비판함에서 찾아질 수 있다. 과학기술에 대한 연구 자체와 과학기술의 발전으로 다가올 희망적 미래에 대한 상을 그리는 것은 오늘날 마치 정치와 무관한 것으로 이해될 때가 많다. 하지만 탈정치화 된 과학기술에 대한 성찰은 우리로 하여금 우리 자신에 대한 시대적 반성을 제대로 하지 못하도록 만드는 큰 장애물이 될 수 있다. 왜냐하면 오늘날 소위 "과학기술 문명 시대" 속에서 국가, 사회, 기업, 개인 등 모든 인간의 실천적 영역은 이미 과학기술의 영향을 받으며 과학기술과 불가분의 관계를 맺고 있기 때문이다. 따라서 과학기술에 대한 성찰은 우리의 삶과 사회 및 규범 그리고 권력 체계 등 광범위한 우리 자신의 실존에 관한 반성이 될 수밖에 없을 것이다. 바로 이런 점을 임홍빈의 기술 철학은 우리에게 시사하고

12 위의 책, 38.

있으며, 그의 기술 철학은 또한 지금 우리 시대에 요구되는 "깨어 있는 삶"을 하나의 실천적 당위로 요청하고 있다.

그의 기술 철학은 과학기술을 화두로 존재론, 윤리학, 사회 정치 철학 등 철학의 여러 영역들에 대한 통합적 사유를 전개한 것으로 평가된다. 이러한 그의 시도는 타이탄에게 찢긴 디오니소스의 각 부분들이 합쳐져 다시 온전한 디오니소스로 되살아 난 것처럼 각각의 독립된 분과로 연구되고 있는 철학의 영역들이 다시 통합적으로 사유될 필요가 있으며,[13] 이를 통해 우리 자신의 모습과 시대를 제대로 고찰할 필요가 있고, 더 나아가 온전히 전체를 사유할 수 있는 철학적 시야의 복원이 필요함을 함축하고 있다. 그의 기술 철학은 철학함의 모범적 전형을 보여 주고 있다고 생각된다. 바로 이러한 점에서 그의 기술 철학이 지닌 가치와 의의를 우리는 확인할 수 있을 것이다.

2 임홍빈의 기술 철학에 대한 몇 가지 논쟁점에 관하여

1) 특정 시대 규정으로서 기술 문명

임홍빈은 오늘날 우리의 시대를 "기술 문명"이라고 규정한다. 물론 이러한 시대 규정은 임홍빈만의 독자적 시대 규정은 아니다. 후

13 프리드리히 니체, 《비극적 사유의 탄생》, 이진우 옮김(문예출판사, 1997), 21.

설과 하이데거도 이미 당시의 시대를 새로운 과학기술 시대로 규정하고 있다.[14] 4차 산업혁명을 운운하는 현재의 시대 상황 속에서 기술 문명이 현 시대를 정의하는 규정이라는 점을 부정할 사람은 거의 없을 것이다. 하지만 기술 문명이라는 시대 규정이 과연 오늘날에만 적용할 수 있는 특수한 시대 규정이 될 수 있는지에 대해선 좀더 생각해 볼 여지가 있다.

지구상에 인류가 출현한 이래로 인간이 기술을 사용하지 않은 적은 한 번도 없었다고 해도 과언이 아니다. 인간은 야생 상태에서 다른 어떤 동물종보다도 연약하고 자연에서 다른 동물종과 경쟁하면서 생존하기에는 너무도 불리한 생물학적 신체 구조를 지녔다. 두꺼운 가죽과 털로 몸을 보호할 수도 없고, 날카로운 이빨과 발톱이 있어 자신을 맹수들로부터 보호하고 먹잇감을 사냥하기에도 불리한 신체적 조건을 가졌다. 그리고 인간은 다른 동물에 비해 달리기도 느리고 나무에 잘 오를 수도 없기 때문에 맹수의 공격을 피하는 것도 불리하다. 이렇게 불리한 신체적 조건을 가진 인간이 다른 동물과의 경쟁에서 우월한 위치를 점하고 번성할 수 있었던 것은 불리한 신체적 조건을 보완할 수 있는 기술을 이용할 수 있었기 때문이다.

---

14 후설은 현대 과학기술은 수학적으로 이념화된 세계를 본질적인 자리에 위치시킴으로써 인간을 생활세계로부터 멀어지게 했다고 주장한다(에드문트 후설, 《유럽학문의 위기와 선험적 현상학》, 이종훈 옮김[한길사, 2016], 132-139). 하이데거는 현대 과학기술은 더 이상 인간이 통제할 수 있는 도구적 성격을 벗어나 탈은폐(Entbergen)의 한 방식으로서 자연과 인간에 대한 "몰아세움(Gestell)"이라는 위협으로 등장했다고 주장한다(M. Heidegger, "Die Frage nach der Technik," 30-32).

이러한 점을 고려해 본다면 인간의 삶은 기술 없이는 이어져 올 수 없었다고 해도 과언이 아니다. 그러면 정도의 차이는 있을 수 있겠지만 인간의 문명은 기술의 관점에서 보자면 예나 지금이나 모두 기술 문명이라고 할 수 있지 않을까라는 물음을 던져 볼 수 있을 것이다.

물론 현대의 기술은 과거의 기술과 비교할 수 없을 정도의 놀라운 속도로 발전을 거듭하고 있으며 규모와 파급력 면에서 과거에 비해 엄청난 힘과 속도로 삶을 변화시키고 있다. 즉 인간의 문명을 과학기술 문명이라고 통칭한다고 하더라도 현대 기술 문명은 양과 질 면에서 분명 과거와는 근본적으로 다른 측면을 가지고 있다. 따라서 현대의 인간 문명을 과거와 구분하여 기술 문명이라고 부를 수 있을 것이다. 하지만 근본적으로 인간이 기술을 사용해서 삶을 지속하고 발전시킨다는 점에서는 근본적으로 바뀌지 않았다고 볼 수 있다.

과거에는 인간이 기술을 충분히 통제할 수 있었지만 현대에는 기술이 더 이상 통제될 수 없는 수준으로 발전했으며 기술 자체가 주체가 되어 버린 상황이라고 생각할 수 있다.[15] 만약 그렇다면 현대의 기술은 과거의 기술에 비해 완전히 다른 차원으로 발전한 것이다. 따라서 현 시대를 과거와 다르게 기술 문명으로 규정할 수 있을 것이다. 이렇게 보자면 비록 인간이 과거부터 현재까지 기술을 사용했다고 하더라도 기술 문명이라는 시대 규정은 현대에 국한된다고 말할 수 있게 된

15 하이데거, 《기술과 전향》, 17-35, 39.

다. 따라서 기술 문명이라는 말이 오늘날에만 적용될 수 있는 특수한 시대 규정일 수 있는지에 관한 물음 자체에 의문을 제기할 수 있을 것이다.

하지만 타무스(Thamus)와 테우트(Theuth)의 신화에서 볼 수 있듯이 인간이 손쉽게 통제하고 사용할 수 있을 법한 단순한 기술이라고 하더라도 기술에 의해 인간의 삶이 완전히 바뀔 뿐만 아니라 삶의 방식 자체가 기술에 의존해 버리게 된다.[16] 문자를 사용하는 기술은 현대의 고도로 복잡한 기술에 비해 인간이 얼마든지 통제하고 자유롭게 사용할 수 있는 간단한 도구적 기술처럼 보이지만 문자를 사용함으로써 오히려 인간의 기억력은 퇴보하고 문자에 더 의존할 수밖에 없다. 그다지 특이할 것이 없어 보이는 이 이야기는 사실 인간이 오래전부터 기술에 의해 자신의 삶이 근본적으로 바뀔 수 있다는 점을 깨닫고 있었음을 시사해 준다. 인간에게 불을 가져다준 프로메테우스의 신화도 이와 같은 점을 보여 준다.[17] 이 신화에서 사실 불은 인간에게 허용된 기술이 아니라 신이 사용하는 기술이었다. 그런데 프로메테우스가 헤파이스토스로부터 불을 훔쳐 인간에게 가져다줌으로써 인간이 사용해서는 안 될 불을 사용할 수 있게 되었다. 지금 생각해 보면 과거 인간이 불을 사용하는 기술은 오늘날의 기술에 비한다면 보잘것없는 단순한 기술에 불과하다. 하지만 당시의 관점에서 본다면 그리고 인류사의 관점에서 본

---

16 Platon, *Phaidros*, 274c-275b.

17 Platon, *Protagoras*, 320d-322d.

다면 불의 사용은 인간의 실존적 차원을 근본적으로 바꾼 엄청난 사건이었다고 평가될 수 있다. 즉 기술은 단순히 인간이 사용하는 단순한 도구가 아니라 기술에 의해 인간의 삶이 근본적으로 바뀔 수 있다는 점을 인간은 오래전부터 어렴풋하게나마 깨닫고 있었음을 프로메테우스 신화와 타무스 신화에서 발견할 수 있다.

19세기 이후 과학기술의 엄청난 발전으로 인류는 과거와 비교할 수도 없는 과학기술의 발전을 이루었고 기술의 파괴력과 영향력의 차원이 과거에 비해 근본적으로 변화했다는 점에 경이로움을 느끼고 있는지 모른다. 그리고 이러한 경이로움으로 인해 현대를 기술 문명이라고 칭할 수도 있을 것이다. 하지만 1,000년 뒤 인간은 오늘날의 기술 문명을 마치 과거 인간이 불을 사용하여 고기를 굽고 맹수들을 쫓으며 추위를 피하는 정도의 수준으로 하찮게 볼 수도 있을 것이다. 그렇다면 현재의 기술 문명은 먼 미래에도 기술 문명이라고 여전히 불릴 수 있을지도 의문이다. 근대(modern)라는 말을 특정 시기를 규정하는 개념으로 사용함으로써 빚어진 시대 규정 개념의 오용과 과잉처럼 기술 문명을 특정 시대를 규정하는 개념으로 사용하는 것도 문제가 될 수 있다. 우리는 우리가 만든 문명의 모습에 일종의 경악과 경이로움을 동시에 느끼면서 지금의 기준으로 시대와 역사를 재단하려는 것인지도 모른다. 그러나 이것은 우리 시대가 가진 오만일 수도 있다. 인간이 기술의 주체라고 생각하는 것은 착각에 불과하다고 지적한 하이데거의 통찰은 상당한 의미를 지닌다. 하지만 현대의 기술만이 인간의 통제를 벗어나 인간의 삶과 자연을 근본적으로 변화시키는 위력을 가진 것이라 보긴 어렵다. 물론 규모와 속도 면에서는 차이가 있겠지만 과거 기술도 인간의 삶과 자연을 크게 변화시켜 왔다고 볼 수 있다.

하이데거의 주장은 오늘날의 문명을 기술 문명으로 정의하는 임홍빈의 입장을 지지해 줄 수 있는 근거가 될 수 있을 것이다. 하지만 그의 주장은 좀더 생각해 볼 여지가 있어 보이고 마찬가지로 임홍빈의 특수한 시대 규정으로서의 기술 문명도 재고해 볼 필요가 있어 보인다. 다시 말해 과거와 현재의 기술들은 정도의 차이는 있겠지만 예나 지금이나 인간이 기술을 사용하면서 살아왔다는 점에서는 기술 문명이라는 말이 어느 특정 시대를 규정할 수 있는 특수한 개념이 될 수 있는지는 여전히 의문점으로 남는다.

2) 과학기술이 초래한 실천적 문제를 과연 과학기술이 전혀 풀 수 없는가?

과학기술이 초래한 실천적 문제는 환경, 생태, 정치, 법, 사회, 윤리, 더 나아가 종교 등 여러 영역에 걸쳐 나타나고 있다. 많은 경우 이러한 실천적 문제를 우리는 사회제도나 법, 또는 윤리적 태도의 변화, 교육 등을 통해, 즉 다시 실천적 노력을 통해 해결하려고 한다. 왜냐하면 과학기술이 초래한 실천적 문제는 과학기술로 해결되지 않는다고 생각하기 때문이다. 가령 핵 기술의 발전은 핵무기의 발전으로 이어졌고 결국 핵전쟁의 위험을 초래하게 되었다. 하지만 핵전쟁을 막아 온 것은 과학기술이 아니라 정치외교적인 국제적 협력과 노력이다. 예를 들어 아인슈타인을 비롯한 여러 과학자들은 원자폭탄 개발에 찬성했었으나 후에 반핵 선언문에 동참한 바 있다. 이러한 사실은 과학자들도 과학기술이 초래한 문제를 과학으로 해결할 수 없음을 인정하고 있다는 점을 보여 준다.[18] 이처럼 과학기술로 초래된 실천적 문제는 과학기술에 의해 해결될 수 없는 것처럼 보인다.

하지만 과학기술의 발전이 상상 이상으로 빠르고 놀라운 성과를 내고 있는 오늘날 과학기술이 초래한 실천적 문제들조차 다시 과학기술의 발전으로 해결할 수 있는 경우들도 상당히 많이 찾아볼 수 있게 되었다. 예를 들어 화석 에너지 사용 문제로 인한 전 지구적 환경문제는 새로운 에너지 기술(핵융합 기술과 수소에너지 기술 및 재생에너지 기술 등)과 환경 기술(이산화탄소포집 기술 및 바이오 플라스틱 기술 등)로 극복할 수 있을 것이라는 전망도 있다. 따라서 이제는 과학기술이 초래한 문제를 과학기술이 다시 해결할 가능성을 배제하기 힘들게 되었다.

바로 이러한 점에서 과학기술이 초래한 현실적 문제를 과학기술이 다시 해결할 수 없는가의 문제를 두고 하나의 논쟁이 부각될 수 있다. 후설이나 하이데거 그리고 비롯해 1948년에 세계 과학자 연맹(World Federation of Scientific Workers)에 의해 채택된 〈과학자 헌장(Charter for scientific workers)〉과 1955년에 여러 과학자의 지지를 받아 공표된 〈러셀-

18 김진, 《철학의 현실문제들》(철학과현실사, 2003), 240-247.

아인슈타인 선언문〉 등은 현대 과학기술이 가진 문제와 위험성을 밝히고 문제해결의 방법과 예방책 등을 제시하고 있다. 그런데 이들의 공통점은 현대 과학기술로 인해 발생한 문제는 과학기술로 해결될 수 없다는 입장을 고수한다는 점이다.

이들의 입장과 마찬가지로 임홍빈도 과학기술이 초래한 문제는 과학기술이 아닌 인간의 실천적 노력을 통해 해결될 수 있다는 입장을 견지한 것으로 평가된다.[19] 과학기술은 더 이상 인간을 위한 도구로서 파악될 수 없고 그 자체가 하나의 문화이자 문화를 구성하는 원리로서 자기 구성적인 역동적 존재가 되었다.[20] 과학을 가치중립적인 지식체계로 보는 자연주의적 입장과 달리 과학을 하나의 규범성을 가진 문화로 보는 관점에서 볼 때 과학기술이 초래한 문제는 단순한 물리적 사태가 아니라 규범적이고 문화적인 문제가 된다. 따라서 이 문제를 풀 수 있는 해결책도 규범적이고 문화적 성격을 갖는다고 볼 수 있다. 그런데 이런 관점에서 보면 과학기술은 문화이자 문화를 스스로 조직하는 원리와 위력을 지닌 존재다. 따라서 과학기술과 과학기술이 초래한 문제도 문화적 현상에 해당할 수 있다. 그리고 그 문제를 해결하는 것도 규범적이며 문화적인 노력으로 간주할 수 있다.[21] 그렇기 때문

19 임홍빈, 《기술문명과 철학》, 54.

20 임홍빈, 〈과학기술에 대한 서양철학적 성찰〉, 56-66.

21 과학기술이 문화라면 문화적인 것과 자연적인 것을 대립적으로 보는 구도는 깨지게 된다. 문화적인 것이 낳은 문제가 꼭 문화적일 필요는 없다. 하지만 문화와 자연의 이분법적 대립 구도가 성립할 때만 문화적인 것으로부터 발생한 문제가 비문화적일 수 있다. 그런데 과학기술에 대한 자연주의적 관점을 거부하는 과학기술 문화의 관점에서 보면 위의 이분법적 대립은

에 과학기술이 초래한 문제를 해결하기 위한 대안적인 새로운 과학기술이 실천적 노력으로서 과학 문화에 포함될 수 있다. 이러한 점은 오히려 과학기술이 가진 "유사-자율적 체계"[22]의 성격을 보다 분명하게 부각시킨다.

과학이라는 문화는 특정한 집단만이 공유하는 "특수한 하부 문화"가 아니라 보편적 성격을 갖는다.[23] 따라서 과학기술이 초래한 문제를 과학기술 스스로 해결할 수 있다면 과학기술과 과학기술의 문제는 과학기술 문화라는 범주 밖에 놓일 가능성이 없어진다. 과학기술이라는 문화가 특수한 하부 문화일 때 과학기술의 문제를 해결하는 다른 실천적 노력이 과학기술 문화와는 다른 문화적 범주에 속할 수 있게 될 것이다. 더욱이 과학기술의 문제는 과학기술에 대한 이해 없이는 파악도 안 되고 해결될 수도 없다. 따라서 과학기술이 낳은 문제를 해결하기 위한 여러 실천적 노력은 과학기술이 문화라는 관점에서 보자면 오히려 과학기술 문화의 범주 안에서만 이해될 수 있다. 그렇기 때문에 과학기술의 문제를 해결하기 위해 과학기술이 아닌 것처럼 보이는 여러 규범적이고 실천적이며 문화적인 노력을 기울이는 것도 과학기술 문화의 관점에서 보자면 넓게는 모두 과학기술 문화 안으로 포섭될 가

깨지게 되고 과학기술과 과학기술이 초래한 문제도 역시 문화적인 것이 된다. 따라서 과학기술을 문화로 보는 관점은 과학주의냐 반과학주의냐와 같은 이분법적 입장을 따르지 않는다(위의 글, 70).

22 위의 책, 66.

23 위의 책, 52.

능성이 있다. 더욱이 과학기술은 새로운 과학기술 혁신을 통해 과학기술의 문제를 직접적으로 해결하고 있다. 이러한 점은 과학기술이 자신의 문제를 스스로 해결할 수 없다는 임홍빈의 입장과 대립한다고 볼 수도 있을 것이다.

3) 과학기술 문명 시대에 실천적 당위로서 요구될 수 있는 "깨어 있는 삶"이 얼마나 유효한 실천적 해결책을 마련할 수 있는가?

임홍빈의 기술 철학의 최종적 결론은 기술 문명 시대에 살고 있는 우리에게 "깨어 있는 삶"을 요구하는 것이다. 이러한 요구는 그의 실천철학적 주장이기도 하며, "깨어 있는 삶"이야말로 기술 문명 속에서 인간이 진정한 인간으로서 살 수 있는 가능성을 열어준다는 주장을 담고 있다. 그리고 이러한 주장의 핵심은 깨어 있는 삶이란 지속적인 자기 계몽이며, 이러한 자기 계몽을 통해 자신이 살고 있는 시대와 자기 자신을 스스로 통찰할 수 있다는 점이다. 오늘날 인간은 과학기술을 벗어나 살 수 없는 시대에 살고 있다. 그리고 과학기술이 초래할 수 있는 문제의 위험성과 그 규모는 과거와는 비교도 할 수 없을 정도로 커졌다. 이런 상황에서 인간은 과학기술을 이용한다기보다 과학기술과 함께 그리고 과학기술 문화 속에서 살고 있다고 보아야 할 것이다. 따라서 우리의 삶을 지속적으로 돌아보는 태도로 과학기술의 위험성과 혜택을 동시에 평가하지 않으면 우리는 과학기술에 의해 우리 스스로를 파멸에 이르게 할 가능성이 상존하게 되었다. 이런 상황에서 "깨어 있는 삶"의 자세는 오늘날의 과학기술 문명 시대에 반드시 필요한 실천적 태도임에 분명하다.

그런데 "깨어 있는 삶"이란 너무 추상적일 뿐만 아니라 너무 포괄적인 의미로 해석될 여지가 있다. 이는 마치 헤겔 철학적 맥락에서 정신과 이념의 자기 인식의 과정을 의미하는 것으로 보이기도 한다. 하지만 이 경우 "깨어 있는 삶"은 개인적 삶의 범위를 훨씬 벗어나게 된다. 물론 여기서 '깨어 있음'은 한 개인의 실존적 상태만을 의미하는 것이 아니라 인류 전체가 자신이 만들어 놓은 과학기술 문명을 끊임없이 돌이켜 봐야 함을 의미한다. 이런 의미에서 보자면 과학기술 문명 시대에 "깨어 있는 삶"이란 헤겔적인 정신의 자기 인식 과정에 부합한다고 볼 수 있다. 그러나 '깨어 있음'이 가지는 추상성의 문제는 여전히 남는다. 어떠한 반성적 실천을 하기 위해서는 반드시 '깨어 있음'을 전제해야 한다. 하지만 단지 깨어 있다고 해서 우리에게 직면한 문제를 해결할 수 있는 실천력이 생기는 것은 아니다. 과학기술의 문제는 매우 복잡한 양상을 띠고 마치 거미줄처럼 얽힌 인과적 고리의 형태로 나타난다. 하지만 그러한 문제의 해결은 매우 구체적인 실천을 요구한다. 따라서 단지 '깨어 있음'만으로는 과학기술의 문제에 대응하기 어려워 보인다. 물론 우리가 과학기술의 위험성을 깨닫고 과학기술 문화 속에서 풍요롭게 살며 과학기술의 문제를 해결해 나가는 구체적 노력들은 분명히 "깨어 있는 삶"을 기반으로 이루어질 수밖에 없다. 그런 점에서 "깨어 있는 삶"은 분명 하나의 중요한 실천적 기초와 지반을 형성한다. 하지만 과학기술 문명과 관련된 우리의 관심은 과학기술이 초래한 문제를 어떻게 풀어 가면서 과학기술 속에서 살아갈 것인가의 문제다.

바로 이러한 문제에 임홍빈이 제시하고 있는 "깨어 있는 삶"이 얼마나 구체적인 해답을 줄 수 있을지는 의문이다. 과학기술 문명과 관련하여 "깨어 있는 삶"이 유의미한 가치를 지니기 위해서는 "깨어 있는 삶"이 보다 구체적으로 어떻게 기술 문명 시대의 여러 실천적 문제들을 해결하는 열쇠가 되는지를 밝힐 필요가 있다. 물론 "깨어 있는 삶" 자체가 지닌 의미를 해명하는 것은 이 개념이 구체적인 문제해결에 어떤 도움이 되는지를 밝히는 것과는 다르다. 과학기술 문명에 대한 임홍빈의 연구는 "깨어 있는 삶" 자체의 의미 해명을 목표로 삼지 않고 과학기술 문명의 문제와 관련하여 이 개념을 다루고 있다. 바로 이런 점에서 그의 연구는 "깨어 있는 삶"이라는 개념이 과학기술 문명의 문제를 해결하는 데 어떻게 현실적으로 기여할 수 있는지를 해명해야 하는 과제를 안고 있는 것으로 보인다.

이러한 한계에도 불구하고 "깨어 있는 삶"이 지닌 유의미성을 언급한다면 다음과 같을 것이다. 과학기술 문명의 문제는 우리 자신의 문제다. 그리고 우리 자신의 문제를 해결하기 위해서는 우선 우리 자신의 문제를 '우리의 문제로서' 인식해야 한다. 이러한 인식은 우리 자신에 대한 깨어 있는 의식과 삶 속에서 가능하다. 따라서 "깨어 있는 삶"은 기술 문명의 문제를 인식하도록 하는 데 결정적 기여를 할 수 있을 것으로 생각된다. 하지만 그 문제를 현실적으로 해결함에 있어서 "깨어 있는 삶" 자체가 어떻게 기여할 수 있을지는 좀더 생각해 봐야 하는 과제라고 생각된다.

왜 기술은 숙명적 질서인가?

임홍빈

세 개의 질문, 세 개의 답변

《기술문명과 철학》(1995)은 1990년대 전반부까지 진행된 나의 작업을 마무리한 결과물이다. 기술에 대한 나의 관심은 사실상, 철학보다는 1980년대의 기술 사회학으로부터 촉발되었다. 흔히 기술 철학이라는 그다지 적절해 보이지 않는 이름의 작업은 1980년대 독일 프랑크푸르트 사회문제 연구소에서의 세미나와 1989년 귀국한 이후 한국 사회에서 고개를 든 생태주의 논쟁과 맞물려 진행되었는데, 고맙게도 권영우는 나로 하여금 지난 생각들을 다시 반추할 수 있는 기회를 제공해 주었다. 오늘날 인류의 삶에 총체적인 변화를 초래한 인터넷을 비롯한 정보통신 기술과 인공지능, 로보틱스, 그리고 신경 과학과 생명 공학의 놀랄 만한 성과에도 불구하고 위에서 정리한 내 생각을 근본적으로 수정하거나 번복할 필요를 느끼지 못한다. 하지만 권영우의 몇 가지 질문은 기존의 입장을 다시 검토해 볼 수 있는 계기를 제공했다. 동시에 이미 《기술문명과 철학》에서 거론되기는 했지만, 특히 인공지능의 경우 현저하게 나타나는 기술 자체의 자기-준거적인 체계화는 앞 장에서 논의된 형이상학적인 인식의 연장선상에서 흥미로운 해석을 가능케 한다. 기술을 포함해서 뒤이어 다루게 될 현대 예술 역시 스스로의 자율적인 문법과 자기-준거의 역동성을 강화하는 방향으로 진화해 간다는 것은 인간 정신의 파편들이 보여 주는 일관된 궤적으로 이해된다. 따라서 제1부의 〈절대의 파편들—왜 피론주의인가?〉에서 다룬 형이상학의 의제들은 기술이나 예술의 자율성이 심화되어 가는 현상들을 통해서 보다 더 구체적인 의미를 확보하게 된다. 그러나 1990년대의 작업이 이 같은 방향으로의 전개를 예상하거나 염두에 둔 것은 아니었다.

기술 문명에 대한 철학과 사회학의 비판적 관심은 20세기 후반에 와서 깊어진 것이 아니다. 이미 1920년대 혜성처럼 나타나 철학계를 뒤흔든 하이데거의 《존재와 시간》에서도 기술 문명에 대한 근본적인 비판이 감지된다. 근대 문명의 위기에 대한 인식은 하이데거만이 아니라, 현상학을 창안한 후설, 갑자기 마르크스주의자로 돌변해서 하이델베르크의 동료들을 놀라게 한 루카치, 프랑크푸르트의 비판 이론가 등 20세기 초반의 지식인 계층에서 들불처럼 번져 갔다. 20세기 초, 중

반까지의 다소 규범적인 차원에 머물렀던 기술 문명의 비판은 1960년대 이후 보다 경험에 근거한 사회과학으로 재구성된다. 내가 1980년 독일에서 관찰한 것은 바로 이 과도기에 전형적으로 나타나는 방법론적인 모색과 갈등이었다. 특히 아도르노와 호르크하이머가 일선에서 물러난 후, 사회문제 연구소를 계승한 프랑크푸르트 사회과학자들은 《계몽의 변증법》에 함축된 역사철학적 테제나 선언적인 명제들에 만족하지 않고 보다 경험적 연구에 뿌리를 둔 구체적인 사회학의 탐구에 집중하게 되는데, 나는 바로 이 시기에 사회문제 연구소 소장이었던 브란트(G. Brandt. 유감스럽게도 그는 당시 자살로 생을 마감했지만, 그의 치밀한 성품은 아직도 생생한 기억으로 남아 있다) 교수의 세미나에서 기술 사회학의 성과들을 접할 수 있었다. 사회학적 분석은 당시에 마르크스와 함께 특히 막스 베버의 서구적 합리화 과정에 대한 거시적인 이론을 보다 정치하게 재구성함으로써 이론적 혁신을 시도하려는 일련의 연구들로 귀결되었다. 고전적인 사회 이론과 구체적인 사회변동의 경험을 매개하려는 시도는 단지 기술 사회학만이 아니라, 후기 산업사회가 야기하는 노동 분업과 새로운 사회 운동론 등 여러 분야에서 진행된다.

철학계의 중요한 변화는 단연 근대 인식론의 기본 전제에 대한 하이데거의 비판에서 촉발되었다. 주체와 객체, 주관과 객관의 대립을 전제하는 표상 이론의 비판은 사물화의 과정에 대한 심층적인 이해를 가능케 한다. 그러나 하이데거의 근본 존재론은—단지 그의 나치 전력 때문만이 아니라—사회적인 차원의 독립적인 문법을 고수하려는 일련의 사회학자들에 의해서 전혀 우호적인 취급을 받지 못하게 된다. 20세기 이후에도 기술 문명과 같은 거시적 차원의 쟁점은 필연적으로 이론들 간의 — 생산적이든 아니든 — 치열한 경쟁을 유발한다. 그러나 이제 우리에게 긴요한 것은 이론들 간의 우열이나 장단점이 아니라, 우리 인간이 관심을 갖는 사태 자체, 즉 숙명으로 던져진 기술 체계의 심층적인 인식이다.

한편 모든 사회 이론들이 기술을 중요한 의제로 설정한 것은 아니다. 예컨대 마르크시즘의 생산력 중심주의는 기술을 단지 생산 요소로 간주하는 데, 이 같은 이론적 태도는 자본주의 체제와의 대립으로 인해 더욱 강화된다. 생산력 중심주의로 알려진 이념적 정향성은 마르크시즘만이 아니라, 서구 사회의 이데올로기이기도 하다. 따라서 기술 만능주의에 사로잡힌 서구의 자유주의자들 못지않게, 기술 공학과 그 사회적 규정성에 대한 분석은 소위 정통 마르크시즘이나 마르크스에 의해 아예 쟁점으로 부각되지도 못하게 된다. 따라서 자본주의 체제와 현실 사회주의에 대해 예외 없이 불신했던 프랑크푸르트학파에서 도구적 합리성에 대한 비판이 철저하게 시도된 것은 거의 필연적인 귀결이다. 《존재와 시간》과 함께, 기술 문명에 대한 비판적 작업은 아도르노와 호르크하이머의 《계몽의 변증법》에서 발견된다. 하이데거와 아도르노/호르크하이머의 극단적으로 대비되는 정치적 입장에도 불구하고, 이들은 문명의 전개 과정에 대한 깊은 우려를 같이 한다. 한 가지 첨가할 것은, 《계몽의 변증법》이 강단 철학이나 학자들의 주도하에 부각된 것이 아니라는 점이다.《계몽의 변증법》은 그 누구보다, 후기 자본주의 체제의 중층적 소외 과정에 대해 비판적이었던 진보적인 학생운동에 의해서 출간된 지 20년이 지나서 다시 발굴된다. 이 텍스트는 1960, 70년대에 들어와서야, 자본주의 체제의 대안을 꿈꾸던 상당수 청년들의 복음으로 간주되었던 것이다.

이 같은 배경하에서 내가《기술문명과 철학》에서 시도한 것은

첫째, 기술 문명의 성격과 기술 자체에 대한 철학적 분석
둘째, 기술적 합리성이 삶의 전 영역에 미치는 영향
셋째, 이로부터 파행되는 실천철학적 쟁점들

은 무엇인지에 대한 규명이다.

권영우의 세 질문은 매우 특이한 방식으로 얽혀 있다. 첫째 질문은 "과거와 현재의 기술들은 정도의 차이는 있겠지만 인간이 기술을 사용하면서 살아 왔다는 점에서는 '기술 문명'이라는 말이 어느 특정 시대를 규정할 수 있는 개념이 될 수 있는지는 여전히 의문점으로 남는다." 이 질문은 이 시대를 '기술 문명'으로 규정할 수 있는 근거와 정당성에 대한 것으로 이해된다. 바꾸어 말하면 고대와 중세, 그리고 근세를 막론하고 항상 기술이 삶의 모든 영역에 걸쳐서 사용되어 왔기 때문에, 현대만이 유독 '기술 문명'으로 명명될 필요가 있는가의 물음이다. 이 물음은 건강한 양식에서 출발하지만, 나는 이 물음에 대해 1장에서

(《기술문명과 철학》, 19. 이후 이 책의 인용 시 쪽수만 기재한다) 이미 분명히 밝힌 바 있다. 현대 사회를 '정보사회', '기술 공학의 시대', '포스트모던 사회' 등으로 규정하는 문제에 대해 논하는 과정에서, 나는 '기술 문명'이란 표현이 시대 자체의 객관적 묘사가 아니라, '실천 지향적' 개념임을 전제했다. '기술 문명'이란 시대 규정은 관찰자적 관점이 아닌 참여자의 관점(17-18)에서 이해되어야 하기 때문이다.

두 번째로 '기술 문명'이란 개념의 적실성은 현대 자본주의 체제의 역사적 특수성에 대한 인식과 무관하지 않다. 무엇보다 고도 자본주의 체제하에서 현대의 기술은 상호 연관된 거대한 체계로 작동함으로써 무수한 기술의 지속적인 혁신을 가능케 한다. 특히 산업화와 과학화의 과정과 긴밀하게 연계됨으로써 기술은 유사-자율적인 체계(quasi-autonomous system)이자 기술들이 상호 조응하는 앙상블로 등장하게 된다. 한마디로 현대의 기술은 단순한 "정도의 차이"가 아닌, 본질적인 차별성을 지니기 시작한다. 이 과정은 당연히 현재진행형이다. 동시에 고려해야 할 사태는 기술과 과학, 산업이 모두 고도의 조직화 된 집단에 의해서 작동한다는 사실이다. 그래서 "과학적 지식의 창출 역시 과거와 달리 창조적인 개인들보다는 사회적 조직들에 의해서 수행된다"(35)는 나의 서술은 너무도 자명해서 오늘날 언급할 필요조차 없어 보인다. 과학만이 아니라 현대의 지식사회는 전반적으로 고도의 분업화된 자본주의적 생산 양식을 복제하는 데 열중하고 있다.

세 번째로 '기술 문명'이란 개념의 특이성은 전근대 사회의 수공

업적인 단계와의 차별성에서 드러난다. 현대 기술은 단순히 보다 더 정확하거나 더 많은 효율성을 통해서만 설명되지 않는다. 근대 이전의 수공업적 기술(manual arts and craft)과 달리, 특정 기술이 다른 연관된 기술의 등장을 촉발시키는 원인을 반드시 엔지니어나 기술 공학자의 머리에서 찾을 수 없다는 것이다. 유사-자율적인 체계로서의 기술은, 특히 인공지능의 경우, 생물학적 개념인 '진화'와 '학습'을 넘어서, '학습에 대한 학습'을 하는 단계에 도달했으며, 잘 알려진 바대로 이 메타적 학습 과정 자체는 블랙박스와 마찬가지다.

흥미롭게도 논평문의 두 번째 질문과 그 질문 속에 함축된 '해결책'은 그의 첫 번째 질문에 대한 해답의 가능성을 제시하고 있다. 기술적인 문제들이 다른 기술들에 의해서 해결된다는 그의 언급은 두 가지 방식으로 이해할 수 있다. 먼저 기술의 문제들이 이미 사용되고 있는 기술의 내부로부터 야기되거나, 혹은 오류의 발생 빈도를 줄이거나 효율성과 생산성의 제고를 위해 기술적 개선이 가능한 경우와, 기존의 기술과 전혀 다른 혁신적인 기술이 등장하는 경우는 다른 차원의 문제로 다루어져야 한다. 두 경우들은 기술 외적인 요인들이 작용하는 정도와 방식에서 구별되기 때문이다. 20세기 초반부터 자본주의 시장경제 체제에서 뿌리를 내린 과학에 근거한 산업(science-based industry)이나 정치적인 이해관계에 의해 조절되는 기술 혁신의 특정한 방향성은 기술의 문제에 대한 '기술적인' 해결책이란 관념 자체가 얼마나 소박한지를 분명히 해준다.

논평문의 질문이 경우에 따라 소박한 인상을 주는 또 다른 이유는 '기술의 발달'이 인간이나 생명 자체의 정체성을 해체하는 양상을 보이기 때문이기도 하다(45). 따라서 기술의 발전은 선형적인 과정이 아닌 단절적이며, 항상 예측가능하지 않다. 나는 여기서 특정한 측면에서의 효율성이나 생산성을 제고해 주는 새로운 기술이 이를 통해서 해결할 수 있는 것보다 전혀 다른 차원의 복합적인 문제를 야기하는 단순한 사실을 말하려는 것이 아니다. 문제의 복잡성은 새로운 기술이 혁신적이거나 모험적일수록, 그것이 잉태하거나 초래할 수 있는 불확실성 자체가 무엇인지조차 불확실하다는 점이다. 다시 말해서 알려지지 않은 것이 무엇인지의 여부 자체가 알려지지 않는다(Unknown Unknowns)는 점이다. 세상의 각광을 받는 '첨단 기술'일수록 이러한 이중적으로 중첩된 불확실성의 불확실성으로부터 자유롭지 못하다.

따라서 기술적인 문제를 기술로 해결할 수 있지 않는가라는 권영우의 질문은 사태의 복잡성과 미묘함을 간과한다는 지적을 면하기 어렵다. 다만 한 가지 짚고 넘어갈 필요가 있는 것은, 불확실성의 불확실성이 던지는 애매함에 대한 정서적 반응의 문제다. 왜냐하면 우리를 무지의 상태로 끌어들이는 힘의 작용이 반드시 부정적인 방향으로만 귀결된다는 필연성이 성립하지 않는다는 점이다. 중첩된 불확실성의 개념은 그 어떤 비관적이거나 낙관적인 전망 자체를 용납하지 않는다는 점 역시 언급되어야 할 것이다. 이제 거의 30여 년이 지난 오늘날 돌이켜 보니, '머리글'에 잠깐 등장한 '불확실성'(7 이하)이란 개념에 대해서도 보다 명확한 설명이 필요하다고 생각하게 되었다. 무엇보다 '불확실성'은 확실성의 개념과의 변별적 차이를 통해 이해되지만, 실상 불확실성의 외연이나 경계 역시 규정될 수 없다는 점에서, 우리에게 알려지지 않은 사태들이 무엇인지도 알려지지 않을 수 있다는 점이 중요해진다. 결국 불확실성이란 단순히 확실성과 대립하는 형식적인 표현이 아니라, 마치 모든 빛을 흡수하는 블랙홀의 심연처럼, 우리가 가까이 다가가려고 시도할수록 더욱더 멀어지는 영원한 소실점과 같은 사태를 가리킨다.

한편 "과학기술이 초래한 문제를 과연 과학기술이 전혀 풀 수 없는가?"라는 질문은, 기술이 초래한 문제가 흔히 회자되는 '기술 자체의 미시적인 조정(fine tuning)'으로 해결될 수 있다는 낙관적인 희망(wishful thinking)을 부추길 수도 있다. 나는 위에서 제시한 방식의 해명이, 기술적인 문제 해결의 배후에는 항상 의사결정권을 지닌 행위자들이 존재한다는 언급에 우선한다고 생각한다. 동시에 기존의 기술로부터 파생되는 문제를 '선형적인' 동학의 연장선상에서 이해할 수 있는가라는 반문이 제기될 수도 있다. 왜냐하면 기술 변화의 원인들은 매우 다양하며, 여기에는 시장 지배력이나 경제성, 정치적 고려, 혹은 단순히 기술 공학자의 기능적 합리성 등의 여러 요인들이 포함된다. 그 결과 개별 사례들에 따라서 여러 유형의 '비선형적인' 동학이 제시될 수도 있을 것이다. 다만 내가 여기서 개별 사례에 적합한 경험적인 분석을 시도할 수 없는 한에서 이러한 언급은 어디까지나 원론적인 수준에 그치는 것이 당연하다.

권영우의 세 번째 질문은, "과학기술 문명 시대에 실천적 당위로서 요구될 수 있는 '깨어 있는 삶'이 얼마나 유효한 실천적 해결책을 마련할 수 있는가?"로 집약된다. 먼저 '깨어 있는 삶'이란 표현은 본문이 아닌 책(《기술문명과 철학》)의 내용을 전반적으로 소개하는 '머리글'과 1996년 출간한《근대적 이성과 헤겔철학》의 8장에서 부분적으로 등장한다. 전자의 경우, 이 표현은 '기술 문명'에 대한 철학적 이해가 도대체 왜 필요한가에 대한 문제의식을 가리킨다. 따라서 깨어 있는 삶은 우리들의 삶을 규정하는 조건들에 대한 포괄적인 이해를 촉구하기 위한 일종의 화두로 제시된 표현이다. 그것은 개인들의 도덕이나 규범에 대한 논의의 차원을 넘어서, 생태계의 위기에 상응하는 책임의 윤리, 위기관리 사회의 역동적 규범 이론에 이르기까지의 논의를 이끌어가는 역할을 담당한다. 논의가 계속 확장됨으로써, 깨어 있는 삶을 일종의 도덕적 권유로 간주하는 독자들에게 혼란을 불러일으킨 책임은 물론 나에게 있을 것이다.

《기술문명과 철학》에서 나는 "기술 체계로부터 비롯하는 위기들을 모두 정확하게 진단하고, 처방까지 제시했다고 생각하지는 않는다"고 밝힌 바 있다. 따라서 비록 "규범적 문제들에 대한 통합적인 대안을 모색하고 있다"고 말했지만, 이 작업은 결코 완결되거나 가능한 미래의 모든 반론들을 무시할 정도로 완벽하지도 않다. 현대 학문들의 일반적인 경향인 전문화의 과정을 철학도 비켜 갈 수 없다는 점을 감안하면 통합적인 규범 이론의 가능성에 대해 회의할 수도 있을 것이다. 미래의 인류도 기술에 대한 맹목적인 신뢰나 근거 없는 불신 사이에서 방황을 거듭할 것으로 예상할 수 있다.

기술은 단순한 도구나 생산요소의 차원을 넘어섰다. 기술은 이미 유사 자율성을 확보하고 일종의 자기-준거적인 체계로 작동하기 시작했다. 이로써 삶의 방식의 변화와 함께 인간 존재 자체의 정체성에 대한 논란이 불가피해졌다. 자신들의 성적 정체성에 대한 불만족(gender dysphoria)과 이에 대한 의학적 처방은 정체성의 위기를 말해주는 하나의 사례에 불과하다. 다시 말해서 주체성은 이미 기술적 차원에서 해체와 변형의 가능성에 직면하게 된 것이다. 삶의 방식이나 사회적 의사소통의 유형, 인지와 감각 등 거의 모든 차원에서 기술은 기존의 문법을 바꾸도록 요구하는 전 방위적 힘으로 작용하게 된 것이다. 앞에서 언급한 대로 '깨어 있는 삶'의 탐색은 단순한 전통적인 도덕철학의 차원을 넘어선다. 역동적 규범 이론은 무엇보다 이 같은 문명사적 변화의 의미를 파악하는 데서 출발한다. 따라서 기술 시대의 윤리적 사유는 세칭 응용 윤리와 같은 유형의 이론적 모형에 의존할 수 없다는 것이다. 철학은 인간이 창조한 환경이나 기술에서 파생되는 부작용이나 역기능을 처리하는 작업으로 자신의 과제를 수행했다고 볼 수 없기 때문이다.

기술 공학적 관점의 지배적 위상은 결국 인간의 자기 정체성에 대한 근본적인 변화를 초래하며, 이 점에서 '실천적 당위'는 그 어떤 구체적인 경우에 해당하는 실천 강령이나 요령이라기보다 근본적인 인식의 전환을 함축한다. 따라서 권영우의 세 번째 질문은 기술 철학을 일종의 응용 윤리와 같은 차원에서 바라보지 않는가라는 의구심을 품게 만든다. 위에서 언급하고 있는 기술은 기본적으로 물리적 자연을 포함하는 사물들의 가공과 생산 영역에 국한되고 있다는 인상을 준다. 그 결과 논평자는 사회적 기술(Social Engineering)의 차원을 간과함으로써, 포디즘과 테일러리즘, 그리고 포스트 포디즘(post-fordism) 등의 등장이 초래한 변화를 고려하기 어려워진다. 간단히 말해서 사회적 기술의 전면적인 개입을 배제할 경우, 기술공학 체계의 비약적인 팽창은 이해될 수 없다는 것이다. 작업 공간과 시간, 직무평가의 계량화, 생산 조직의 효율성을 최적화할 뿐만 아니라, 이에 대한 판단 자체를 알고리즘에 위탁함으로써, 현대 자본주의는 로보틱스와 함께, 탈인간화된 작업 현장을 실현하게 되었다.

마지막으로 기술 체계가 완벽해질수록, 그것은 '절대'의 한 파편으로 볼 수 있는 '자기-준거'의 구조를 모방하게 된다는 점을 강조하고 싶다. 기술 체계의 궁극적인 지향점은 '신'과 같은 고도의 자율성을 지니며, 스스로 자기 자신을 복제하거나 결함을 수정하면서 지속적으로 진화해 가는 것이다. 즉 자기교정과 자기-준거의 유사-주체성(quasi-subjectivity)을 구조화한 존재로 등극하는 것이다. 종국적으로 기술은 스스로 자기 자신의 보존과 진화를 위해 — 인간을 포함해서 — 다른 그 어떤 존재도 필요하지 않은 차원에 도달해야 하는 것이다. 기술 체계의 내부로부터 파생되는 문제를 기술 자체의 알고리즘을 동원해서 해결할 수 있다면, 이때 기술은 이미 유사-자율성을 지닌 존재인 셈이다. 아마 권영우의 두 번째 질문이 이러한 귀결을 지지하거나, 심지어 찬양할 의도를 함축하지는 않을 것이다.

제5부

형이상학적 단편들

예술과 무한성의 이념 임홍빈

절대의 심연 임홍빈

예술과 무한성의 이념

임 홍 빈

나는 여기서 무엇보다 먼저 예술의 역사에서 발견되는, 시간을 개념화하는 과정의 두 가지 상호 경쟁적인 태도들에 초점을 맞출 것이다. 무한성의 개념은 이 맥락에서 연속의 관념과 대비될 것이다. 후자는 대부분의 경우 예술작품을 실체들이나 상징적 체계로 표현하려는 동기에 의해 좌우된다. 연속성이라는 그야말로 통속적인 관념과 무한성의 형이상학적인 개념 사이의 관계는 예술 작품의 이해와 관련해서 중요한 물음들을 던진다. 예를 들어, 어떤 예술 작품들, 암석과 청동 같은 변하지 않는 소재로 만들어진 건축이나 조형물은 세계 내에서 살아가는 존재가 언젠가 사라지게 되어 있는 유한성에 대한 일종의 응답으로 해석될 수 있다. 이 글에서 나는 '영원의 관점하에서(sub specie aeternitatis)'라는 형이상학적 관념이 실재 예술 작품들이나 새로운 예술의 형식들이 어떻게 변형되고, 형성되는가에 대한 포괄적인 통찰의 역할을 수행할 수 있다고 주장할 것이다.

'의미 있는 형식(significant form)'이라는 형식주의적 범주 역시 시간과 공간의 우연성들에 맞서기 위해서 고안된 것이다. 클라이브 벨(Clive Bell)에게 의미 있는 형식의 창조는 예술 작품들의 위대한 보편성과 동등하다. 그래서 그는 이를 '무시간성(timelessness)'이라고도 규정한다. 나아가서 나는 무한성의 개념이 비판적인 한계개념으로도 간주될 수 있음을 말하고 싶다. 이 한계개념을 통해서 포스트모더니즘은 소위 '탈-형이상학적 사유(post-metaphysical thinking)'라는 자신들의 기획을 정당화할 수 있었다. 하지만 형이상학적 이상으로부터의 결별이라는 포스트모더니스트들의 선언은 자기 오해에서 비롯된 반동적인 시도로 간주된다. 왜냐하면 포스트모더니즘은 미(학)적 이념으로서의 무한성을 통제할 수 없기 때문이다. 그들이 예술을 이해하는 데 동원하는 관념들, 파편(fragment)과, 차이를 발생시키는 것(differential), 그리고 우연성 등은 무한성의 문제에 대한 그들의 절망감을 가리킬 뿐이다. 오히려 우리는 인간이 '영원의 관점하에서' 예술 작품과 사물들을 이해하려는 그야말로 뿌리 깊은 본성이 있음을 솔직하게 인정해야 한다.

형이상학적 물음에 대한 감수성의 상실은 존재의 심연을 마주할 용기의 결여와 상응한다. 무한성의 개념은 근대 미학의 담론에서도 거의 사라졌는데, 이는 이해할 만하다. 따라서 그 같은 철 지난 생각을 다시 부활시키려는 여하한 기획도 시대착오적인 것으로 치부될 만하다. 포괄적이며 총체적 이해를 추구하는 형이상학의 열정이나 그 관념론적인 어조 자체는 역사의 잔재로만 남아 있다는 것이다. 조화와 균형, 표현의 완벽성 등으로 표현되는 고전 예술의 이상이 더 이상의 호소력을 지니지 못하게 된 것이다. 형이상학의 퇴조와 함께 고전 예술이 추구했던 무한성의 이념이나 완벽성의 개념 역시 뒷전으로 밀려난다. 예술 작품이 더 이상의 터치나—그것이 무엇이 되었든—어떤 형태의 개선을 필요로 하지 않는다는 요구에 더 이상 의미를 부여하지 않게 된 것이다.

무한의 개념을 다시 생각해 보도록 만드는 계기는 무엇일까? 근현대 예술에서 무한성의 이념은 그 어떤 구성적인 역할을 수행하는가? 즉 작가나 작품 자체의 내적 형성 과정에 무한성의 이념은 어떻게 개입하는가? 아니면 실체적인 의미의 '절대'에 대한 관념 자체가 무의미해진 상황에서 무한성의 이념 역시 더 이상 설 자리가 없어졌는가?

나는 이렇게 생각한다. 우리가 미적이거나 감성적인 합리성을 일종의 초-합리적인(trans-rational) 충동으로 간주할 수 있다면, 무한의 문제는 해결되지 않은 인간 존재의 고유한 과제로 남게 되며, 예술가들 역시 이 '절대'의 중력장으로부터 벗어날 수 없다는 것이다. 실제로 내가 보기에 우리가 경험하는 현대 예술 작품들의 배후에 '무한성의 이념'은 유령처럼 실재한다.

미적이며 감성적인 계기로서의 무한성을 우리는 가령 니체의 '무한한 반복', 보다 정확하게는 '동일한 것의 무한한 반복'이라는 체험에서도 발견한다. '동일한 것의 무한한 반복'은 여기서 과거와 미래의 절대적 통일성과 동일시된다. 그것은 포착하거나 지속적인 확보 자체가 원래부터 배제된 '순간의 미학'이다. 미와 예술을 통한 내적 초월의 가능성이 여기서 실현된다. 그러나 순간(moment)과 무한의 통일성, 즉 실존적으로 체험되는 통일성은 니체에 앞서서 몇몇 근대의 사상가들에 의해서도 고려되었다. 그들 역시 무한성에 대한 형이상학의 오해들에 대해 염려했는데, 이 경우 체험된 무한은 본질적으로 미적 주체의 숭고의 감정과 구별된다. 그것은 오히려 인간적인 이성의 내면화를 통해 가능한 것으로 여겨진다. 감성과 지성의 괴리는 미적 계기들의 소용돌이 속으로 빨려 들어간다. 나아가서 순간의 미학은 근대가 스스로를 이해하고 서술하는 방식과 밀접하게 연관된다. 근대는 본질적으로 자기-준거적(self-referantial) 기획이다. 그것은 한편으로 주체성의 원리로서 모든 믿음의 불가피한 전제로 등장하기도 하고, 또 다른 한편으로는 모든 실재를 일원론적인 형이상학으로 총괄하고 통제하려는 절대적 관념론으로 모색되었다. 다시 말해서 전자의 선험주의(transcendentalism)와 절대적 관념론은 자기-준거의 두 가지 극단적으로 대비되는 이해의 방식들이다. 그러나 이들은 절대의 심연 앞에서 침묵할 수밖에 없다.

무한성의 문제는 근대의 탁월한 철학자인 칸트를 비켜 가지 않는다. 칸트가 이성이란 관념을 근본적으로 다시 서술해야 한다는 생각을 하게 된 것도 이와 무관하지 않다.

그것은 정확하게 우리의 상상력에 무한을 향한(ad infinitum) 충동이 있기 때문이다. (칸트, 《판단력비판》, §. 25)

무한을 향한 충동은 비단 상상력에만 허용되는 감정인가? 거대한 자연이나 형언할 수 없이 아름답거나 위대한 예술 작품 앞에서 상상력 못지않게 우리의 지성 역시 한계와 마주하고 있음을 알고 있지 않은가? 우리의 영혼 안에서 작동하는 반성적 판단이 바로 무한의 감정을 가능하게 만들지만, 이 감정이 실제로 존재하는 대상들의 세계에 대한 지식을 전달해 주지는 않는다. 그래서 무한의 감정은 어디까지나 주관적인 목적, 즉 미적인 체험에만 상응할 뿐이다. 동시에 우리 자신의 존재가 무한한 감성의 주체라는 사실을 간과한다면, 절대적 총체성으로서 전제되어야 하는 세계나 자연은 무의미한 개념에 그칠 뿐이다. 무한한 자연을 인간의 지성으로 이해하려는 시도가 실패로 귀결되는 바로 그 순간에 숭고의 감정이 촉발된다는 것이다. 이렇게 보면 '숭고함'이란 인간과 자연의 상호 관계가 비대칭이기 때문에 가능한 감정이다. 무한성은 빈틈없이 충만한 풍요의 느낌이나 존재의 충일함이 아닌, 이성이 도저히 극복할 수 없는 존재의 심연을 가리킨다. 그것은 존재가 아닌 무의 체험과 직결된다. 동시에 이 무의 체험은 인간 자신의 의식 안에서도 발견되는 균열을 알려 주는 지표이기도 하다. 그러나 숭고함의 감정에 의해서 무한의 이념이 온전하게 드러나지는 않는다. 숭고함의 감정이 그 어떤 감성적인 형식에 의해서 포섭될 수 없는 이유는 이성이 여기서 개입하고 있기 때문이다.

여기서 말하는 내용이 역설적이라면, 그것은 유한한 존재의 실존에 대한 감정, 즉 한계 의식이 바로 무한성에서 비롯하는 숭고함의 감정을 불러일으키는 가능성과 연결되어 있다는 사실 때문이다. 인간의 내부에서 체험되는 심연의 감정으로 인해서 숭고가 체험될 수 있는 것은 무엇을 의미하는가? 그것은 무한성의 미적 범주가 인간의 실존이 궁극적으로 메꿀 수 없는 내부의 간극에 의해 이해되어야 한다는 점을 가리킬 뿐이다. 이 같은 현상은 합리성에 대한 칸트의 근대적인 이론을 넘어서 사유할 것을 요구한다. 그는 이성의 통일성과 함께 세계에 대한 해석들이 자율적이며, 자기 충족적인 담론들에 의해서 분화된다는 믿음을 동시에 지니고 있었다. 자율적인 세계 이해의 분화는 다름 아니라, 개별적인 담론이 나름대로 구별되는 별도의 옳고 그름에 대한 기준을 내재화하고 있음을 말한다. 무한의 관념은 숭고함이라는 미적 감정으로서 자아의 자기모순적인 태도를 요구하는 것처럼 보인다. 이와 달리 헤겔은 무한성의 이념이 주관적인 감정에 의해서 적절하게 포착될 수 있는가에 대해 의심한다. '현상 자체가 본질에게 본질적'이라고 여기는 헤겔에게 무한성은 추상적이며 포착 불가능한 이념이 아니다. 그것은 예술 작품의 실재를 통해서 표현되는 사태로서 통합된다. 따라서 모든 위대한 예술 작품들은 제각기 — 그 자체가 절대적인 — 예술 정신이 구체적으로 실현된 사태로 간주된다. 예술 정신의 절대성은 다름 아니라, 모든 형태의 사회 정치적 맥락이나 관습, 혹은 개인들의 특수한 감정으로부터 해방된 인간 정신의 보편적 특성을 가리킨다. 그래서 그는 완전성의 이념을 추구하는 고전 예술의 이상을 포기하지 못한 것처럼 보인다. 설혹 예술 작품들이 불안정한 시대정신에 의해 규정되거나 역사적 특수성의 영향으로부터 자유롭지 못한 경우에도, 그 같은 요인들은 아름다움이라는 이념을 보다 적절하게 실현하기 위한 촉매이자 자극일 뿐이다. 동시에 그의 예술철학은 무한성의 개념을 추상적이며, 왜곡된 표상으로부터 벗어난 정신의 속성으로 간주한다. 그래서 절대적 차원으로서의 무한(infinity)은 더 이상 다가갈 수 없는 그 무엇이 아니다. 이런 관점에서 헤겔의 전략은 통속적인 플라톤주의에서 이해하고 있는 모든 형태의 형이상학적 이원론이 전제하는 무한-유한의 구별에 의존하는 통속적인 관념으로부터 결별하게 된다. 물론 무한에 대한 가장 반플라톤주의적인 시도는 후에 니체의 몫으로 남게 된다. 무엇보다 '동일한 것의 영원한 반복'은 인간의 미적 실존을 통해서 무한의 이념이 그 안에서 용해되고 있음을 표현한다.

이러한 주장이 받아들여진다는 것은 예술 작품이 하나의 '사건'임을 가리킨다. 예술 작품은 자기 초월을 가능케 하는 계기이기 때문이다. 예술의 체험은 세계의 새로운 지평이 열리는 것과 다르지 않다. 체험의 열린 지평은 작품들 자체의 지속적인 변형과 상응한다. 작품의 언어적 성격이 드러나는 것도 이 때문이다. 예술 작품으로 구현된 무한의 감성적 이념은 '절대'의 형성 과정에 우리의 참여가 결정적임을 말한다. 예술, 종교, 철학은 무한한 이념으로서 절대의 체험을 통해서 수

렴된다. 헤겔은 자신의 변증법적이며 일원론적인 이론을 기획하는 과정에서 끝없는 지속성(duration)으로 표상되는 통속적인 무한 개념을 배제한다. 무한한 이념으로서의 절대의 개념은 동시에 물리적인 실체의 총체성과도 구별된다. 절대정신의 실제 의미는 외적인 자연이 아닌, 예술을 통해 표현되는 영원한 정신의 자기-준거(self-reference)에서 드러나기 때문이다.

무한성의 이념이 술어적인 문장들의 연속적인 계기들에 의해서 포착되지 않는 한에서 그것은 존재론의 새로운 기획으로 이어진다. 예술 작품의 새로운 존재론은 그 자기-준거적인 차원에 초점이 맞추어진다. 확실히 절대음악이나, 추상적인 회화는 종교와 정치, 그리고 다른 통속적인 표상의 세계로부터 결별함으로써, 그 무엇인가를 지칭해야 한다는 고전적인 강박관념으로부터 예술을 해방시킨다. 물론 예술 작품의 작품으로서의 지속적인 실재성은 소재 자체의 물질성에 대한 고려를 수반한다. 예를 들어 예술 작품의 시간적인 지속성으로서의 물리적 견고함은 건축이나 다른 조형예술의 주요한 기준이기도 하다. 시간적인 변화로부터의 해방은 그 존재론적인 중요성을 노정한다. 다른 예술 작품들이 시간성의 관점하에 이해된다면, 음악과 같은 시간예술의 의미는 미적 주체의 반복적으로 창출되는 해석이나 체험에 의존한다. 즉 예술 작품의 실체성은 그것이 우리 영혼의 기질에 돌이킬 수 없는 변화를 초래함으로써 드러난다. 그 결과 예술 작품들은 개별적인 체험에 의해 영원히 반복되는 현재성을 부여받는다. 예술 체험의 순간에 우리는 세계를 초월하는 존재, 즉 '영원의 관점에서' 스스로를 이해하게 된다. 이를 위해서 작품이 그 어떤 종교적인 의미의 초월을 의도할 필요도 없다. 달리 말하면 예술 작품의 소재가 무엇이든, 그것은 무한성의 미적인 감정과 필연적 연관이 없다는 것이다.

동시에 나는 예술 작품들의 의미와 체험의 관계가 역사적 맥락에서도 이해될 필요가 있다고 생각한다. 하지만 예술 작품들은 앞에서 강조한대로 자기-준거적인 주체로서의 의미의 차원을 생성하는 한에서 작품의 역사성이 그 의미를 결정하는 요인일 수는 없다. 작품의 의미가 보편적이라는 사실은 오직 그 미적 체험의 과정을 통해 실재하기에, 작품의 의미에 대한 그 어떤 실증주의적이거나 자연주의적인 해석은 실패할 수밖에 없음이 분명해진다.

예술의 자기 정체성에 대한 물음을 제기하는 과정에서 형식이라는 범주는 근대에 들어와서 적지 않은 예술가들에 의해 선호되었다. 왜 작품의 주체와 내용, 소재는 모두 정체성의 위협 요소로 간주되는가? 예술에서 형식의 해방은 예술 외적인 이해관계를 배척하는 일종의 금욕주의를 지향한다. 그래서 상업적 자본주의가 본격화한 20세기 초반에 등장한 형식주의는 예술의 자율성을 향한 저항운동이다. 역사의 단절과 거대 담론의 해체는 '의미 있는 형식'의 개념을 더욱 중시하게 만든다. 그렇다면 형식과 내용/소재의 구조적 차이들을 말살시키는 작품들은 진정성이 결여되어 있는가?

형식과 함께 시간이라는 범주 역시 구성의 양태(modality of configuration)로서 부각된다. 미적 체험에 대해 말할 수 있기 위해서는 작품 자체의 내부에서 전개되는 요소들의 운동들이나 긴장이 중요한 관건이다. 근대 예술은 인간 실존의 급진적인 불확실성을 반영하기도 하는데, 그럴수록 구성의 시간적 구조와 대결할 것을 요구받는다. 아도르노는 모든 위대한 예술이 무한성의 차원과 관계를 맺음에도 불구하고, 그 구체적 실재는 과정의 종식, 즉 시간성의 소멸을 체험하게 하는 순간(instant)으로서만 성립한다고 주장한다. 시간성이 정지된다는 것은 다른 말로 예술 작품의 정신과 예술 체험의 주체가 하나의 통일성을 구축할 수 있음을 가리키는데, 그런 이유로 예술 작품의 자율성 역시 순간으로서의 시간적 구조로 이해된다.

작품의 자율성은 근대에 들어와서 극단적으로 추구되는, 예술의 자기 준거적 경향이 보여 주는 하나의 특징일 뿐이다. 간단히 말해서 무한의 이념은 역사적으로 변형되어 가는 과정을 통해서 예술 작품을 구성하는 계기이다. 이 점에서 무한성은 지속성이 아닌, 초-합리성(trans-rationality)의 계기이며, 이로부터 근대 미학은—칸트의 경우처럼—이론적인 정립의 기회를 발견하게 된다. 무한성의 이념이 모든 작품의 배후에서 그림자처럼 수반된다는 사실은 포스트모던주의자들에게 뒤늦게 알려진다. 그래서 그들은 '일시성(ephemerality)'의 개념을 내세우지만, 그것은 '지속성'이라는 전통적인 범주에 대한 반동에 불과하다. 이는 전통적인 형이상학이 퇴각한 이후, 무한성의 이념을 대체하기 위한 시도들 중의 하나에 해당한다. 일시성은 파편성이나, 순간의 미학 등과 함께 무한성의 이념을 그림자처럼 끌고 다닌다. 이를 추적하기 위해 굳이 서구의 1920년대 이후부터 전개된, 이미 신화가 되어버린 아방가르드의 역사를 되짚을 필요도 없다. 공간 자체의 시간성이나, 소재 자체의 물질성이 지니는 표현의 가능성, 혹은 매체를 통한 재구성의 시도들은 한결같이 근대의 후기에 등장한 말기적 증상이다. 예를 들어 비릴리오(Virilio)가 제시한 '소실의 미학(esthétique de la disparition)'이 어느 정도 근대 이후 예술 작품들의 경향을 새롭게 설명해 주는 것처럼 보이지만, 이는 실제로 이미 19세기 초 헤겔이 분석한 예술형식에 대한 언급에 수렴한다. 그는 예술형식의 역사적 전개를 일련의 정신화의 과정, 혹은 개념화의 과정(conceptualization)으로 파악했는데, 그 이유는 예술의 자율성이 지니는 내재적 동력의 필연성에서 찾아진다. 그러나 그는 비릴리오에게서 찾아볼 수 없는 특유의 역사의식을 근거로 근대와 그 이후 전개되는 예술운동의 결정적인 특징을 선취한다. 즉 시간-공간의 균열이나, 예술 작품의 언어적 차원은 궁극적으로 예술이 정신의 자기-준거를 구현하는 하나의 고유한 방식임을 말해 준다. 예술은 암석이나 청동 등과 같은 소재로부터 기호와 언어의 상징에 이르기까지 자신의 표현에 적절한 질서를 구축함으로써, 무한성의 흔적이자 징표인 자기-준거의 차원을 구축하게 된 것이다.

절대의 심연

임홍빈

1

'절대(the Absolute)'란 주제에 대해 의미 있는 방식으로 말하는 것이 오늘날 아직도 가능한가? 철학자들이 심각하게 다루어야 할 주제로서 절대는 철 지나간 것처럼 보인다. 이미 데카르트에서도 절대는 새로운 철학을 정립하는 데 더 이상 중심에 놓여 있지 않은 것처럼 보인다. 세계의 이해와 관련해서 유일하게 정당하고 최종적인 근거는 자기 준거적인 주체일 뿐이다. 주체는 자신 스스로의 존재를 의식하고, 또 이 같은 의식에 대해서도 의식하는 자의식의 존재다. 자기의식이란 자신이 하나의 일체성을 지닌 독립적인 존재로 스스로를 이해하고 있음을 가리킨다. 신이 물리적 실체와 사유의 차원을 통합하는 종결의 권위로 설정되지만, 이미 그것은 맥 빠진 연극의 엑스트라 정도의 역할을 수행할 뿐이다. 그러나 자기의식은 파편화된 절대의 흔적이 아닌가? 그것은 스스로 실재하기 위해 다른 무엇에 의존할 필요가 없는 일종의 '불가피한 사태'이기 때문이다. 마치 모든 유한한 존재의 개념 자체가 '절대'를 암묵적으로 상정해야만 하듯이.

나는 독일을 중심으로 전개된 사변철학의 운명이 아직 결정되지 않았다고 생각한다. 헤겔과 셸링만이 아니라 허다한 철학자들이 절대에 대한 곁눈질을 멈추지 않았다는 것 역시 사실이다. 외면적으로 나타나는 무관심은 오직 과학이 시대정신을 대표하고 이끌어 가는 상황에 대한 비겁함, 즉 용기의 결여에서 비롯한다. 18세기 프랑스의 계몽주의자들이 대부분 유물론자를 자처했던 것처럼, 절대란 주제 자체는 심지어 터부의 대상으로 전락하거나 아니면 기껏해야 철학이라는 담론의 주변에서 초대받지 못한 손님으로 연명해 왔을 뿐이다. 그러나 헤겔은 계몽주의 이래의 이 같은 정신의 조류를 정면으로 거스른다. 그는 오히려 근대 과학의 성과와 방법을 절대 이론의 틀 안에서 포괄하는 사변철학을 제시한다. 다시 말해서 경험과학의 위상을 절대 이론의 맥락 안에서 규정하려는 그의 시도는 매끄럽지 못하거나 오해의 여지를 남겨 놓았지만, 체계의 철학을 추구한 그의 의도 자체는 분명하다.

헤겔의 기획은 거대할 뿐만 아니라 섬세하다는 측면에서 근대 철학사의 예외에 해당한다. 사변철학이 절대에 대한 이론을 추구한 이유 중의 하나는 정신의 역사가 무의미한 사건들의 나열이 아니라는 확신이다. 헤겔 이후에 등장한 철학자들은 이제 그의 절대 이론을 수용할 것인가, 아닌가의 선택을 해야만 했다. 나는 현대 철학자들 역시 이 민감한 물음을 건너뛸 수 없다고 생각한다. 절대 — 이는 물론 이 책의, 특히 제1부에서 말한 대로 그 어떤 단일한 실체가 아니라 파편화된 형태로만 사유된다 — 에 대한 확고한 인식이 결여된 상태하에서 후에 카를 마르크스와 코제브, 후쿠야마 등을 비롯해 19세기 이후 지대한 영향력을 행사한 객관 정신의 이론은 온전하게 파악될 수는 없다. 사회와 국가, 문화, 혹은 종교 등의 모든 초개인적인 질서들은 절대로부터 '생성된' 삶과 정신의 형식들이다. 이로써 철학은 하나의 국지적인 담론이나 개별 과학이 아니라 세계 이해의 유일한 가능성으로 등장한다. 그래서 소위 신에 대한 물음은, 만약 그것이 가능하다고 하더라도 어디까지나 절대에 대한 이론의 한 측면으로 간주될 뿐이다.

나는 이 지점에서 내가 절대의 개념을 어떻게 이해하는지 밝혀야 할 것 같다. 절대는 단지 총체성의 종교적 표상으로 국한될 수 없다. 절대의 이론에서는, 흔히 유대교가 아닌 기독교 신학의 단골 주제로 등장했던 절대자/신이 존재했는가의 여부는 원천적으로 무의미하다. 왜냐하면 그 같은 회의 자체는 일종의 자기 준거적인 역설로 치달리기 때문이다. 절대 이론이란 용어를 정당하게 사용할 수 있는 가장 가까운 이유는 그것이 원칙적으로 '모든 것의 이론(theory of everything)'이기 때문이다. 이는 헤겔의 독창적인 생각이 아니다. 스피노자의 실체 형이상학이 총체성의 이론인 까닭은, 실체가 모든 것, 즉 자연이자 신이기 때문이다. 따라서 절대의 개념은 단지 이념들의 초월적인 공간에 국한되지도 않으며, 인간의 심리적인 내면세계나 의식의 지평에 의해 제한되지도 않는다.

2

왜 절대에 대한 사유는 개념에 대한 성찰을 요구하는가? 철학은 이미지나 수리적 기호 등이 아닌, 개념을 통한 절대의 인식을 추구하는 한에서, 분명히 종교나 과학과는 다른 방식으로 세계를 이해하려고 시도한다. 그러나 절대의 흔적을 추적하고 서술할 수 있는 가능성이 오직 개념적 사유에 의해서 모두 소진된다고 보기는 어렵다.

사변철학은 로고스의 질서가 자연에 의해 구체적인 현상으로 드러남과 아울러, 자연으로부터 진화한 정신은 역사의 지평 위에서 전개된다고 주장하는 데, 이는 오직 절대의 심연을 외면한 결과다. 헤겔에 의하면, 로고스와 자연, 정신의 세 차원은 모두 절대의 자기 보존과 자기 인식의 가능성을 중심으로 구축된다. 즉 절대의 자기 관계는 필연적으로 자기 보존이 가능할 수 있는 최초의 필연적인 전제다. 그래서 세계라는 총체성이 생명과 정신의 질서로 파악될 수 있는 근거 역시 자기-관계적 부정성이다. 스피노자와 헤겔의 체계 철학이 일원론의 특성을 보이는 것은 당연하다. 그러나 이 같은 사변철학의 구도는 실체와 자연, 신의 자기-관계, 즉 자기-준거의 질서를 지탱하는 대칭성이 붕괴되지 않는다는, 불확실한 전제에 의존하고 있다. 간단히 말해서 모든 자기-관계적 부정성이 자기 정체성을 실현하기 위한 계기일 수 없다는 것이다.

철학적 문제로서의 절대는 이와 같은 성격의 작업에 요구되는 문제 제기의 방식에 대해 의심하도록 만든다. 그 단적인 사례는 절대의 단초, 시작에 대한 물음이다. 단초의 물음은 방법론적으로 무전제성을 추구하는 체계 철학에 의해서 불가피하게 제기된다. 무전제성의 요구로 인해서 그 어떤 초월적인, 즉 더 이상 그 배후로 들어갈 수 없는 세계는 오직 상상 속에서만 존재하거나 — 현대 철학의 용어를 빌리면 — 반사실적(contra-factual) 조건일 뿐이다. 단초가 모든 매개의 과정을 초월해서 사유될 수 있다는 주장 자체는 자가당착에 직면할 수밖에 없음에도 불구하고, 그것은 거부할 수 없는 유혹으로 다가온다. 따라서 절대를 신이나, 혹은 그와 유사한 위상을 지닌 그 무엇으로 명명하려는 시도들 역시 반복되게 된다. 다만 예전이나 지금이나 절대를 인간적인 방식으로 표상하려는 통속적인 태도는 대부분의 철학자들에 의해 배척된다. 문제는 절대를 세계를 초월한 그 무엇으로 상정하는 태도가 우리들의 자연적인 의식 속에 너무도 뿌리 깊이 각인되어 있다는 것이다. 유한한 것과 절대의 이원론적 관점은 얼마나 자연스럽게 수용되는가? 그러나 헤겔이나, 특히 스피노자는 이원론적인 형이상학에 종속되지 않음으로써만, 자신들의 절대 이론이 일관성을 잃지 않을 수 있다고 여겼다. 이로써 사변적인 형이상학이 일신교, 즉 유일신 사상에 대해 지니는 관계는 더 복잡해졌다. 절대의 내재성이 불가피해진 만큼 세계를 초월하는 그 어떤 실재나, 인격적 존재가 들어설 자리가 없어진 것이다.

만약 절대가 그 어떤 가정이나 전제로서 표상된다면, 그것은 더 이상 철학적 담론의 틀 내에서 논의될 이유가 없을 것이다. 반면에 절대에 대한 우리들의 일상적인 표상이나 이미지를 전달하는 판단의 형식은 무언가 결함이 있어 보인다. 왜냐하면 주어와 술어의 통사적 구조가 유한한 존재자들을 대상으로 하는 우리들의 일상적인 표상의 방식에 상응하기 때문이다. 절대에 대한 자연적인 표상은 마치 주체 자체가 자신을 묘사하는 허다한 무차별적인 술어들의 조합을 통해서 이해될 수 있다는 관념에서 벗어나지 못한다. 그렇다면 일상적인 문장이나 판단의 구조에서 비롯하는 문제를 어떻게 극복할 것인가?

주어와 술어의 결합으로 구성된 문장들의 집합이 절대의 의미를 온전하게 드러내지 못한다는 것은 우리로 하여금 논리와 언어, 즉 논리적 범주들과 이를 실제로 사용하는 주체의 언어 사용의 방식들이 어떠한 연관 속에 놓여 있는지 재고하도록 만든다. 로고스의 형식적 질서, 즉 사유의 사유는 실재와 보다 직접적인 관계를 맺고 있는 언어의 궁극적인 토대로 확정될 수 있는가? 그러나 앞서 말한 대로 나름대로의 관점에 의해 좌우되는 주체들의 언어에 대해 로고스의 질서가 지니는 우선권은 오직 절대의 심연을 간과할 때만 성립한다.

3

헤겔과는 대조적으로 나는 여기서 절대의 심연이 원칙적으로 사변적 사유에 의해서 만족스럽게 포착될 수 없다고 생각한다. 그 자체로 존재하는 바로 그 것, 즉 절대의 직접적인 양태가 자신에 내재된 부정성의 발현을 계기로 보다 풍부한 자기 관계를 형성하는 과정은 과연 절대의 유일한 필연성인가? 만약 무(nothingness)로 표현될 수밖에 없는 절대의 심연이 그 자체로 존재하는 것에 알려지지 않은 차원으로 전제되어야만 한다면, 헤겔의 변증법적인 로고스의 서술은 오직 알려진 세계에 대한 개념적인 재구성일 뿐이다. 오직 절대의 심연과 근거—독일어에서 이는 Abgrund와 Grund, 즉 동일한 어근으로 표현된다는 사실을 간과할 수 없다—가 확정될 수 없다는 인식하에서 우리는 무가 절대의 심연으로 모종의 구성적인 긴요한 역할을 부여받는다고 말할 수 있다.

절대의 심연은, 그 의미를 가늠할 길이 없다는 사실만을 가늠할 수 있다는 특징을 보여 준다. 그럼에도 불구하고 역사를 통해서 그것은 다양한 방식으로, 혹은 상투적인 방식으로 해석되어 왔다. 인간 정신의 모험은 바로 이 심연으로부터 벗어나려는 동기에서 비롯한다. 이 여정은 일시적인 성공과 거듭된 오류로 점철되어 왔다. 인간의 언어와 기호, 이미지들의 궁극적인 한계를 고려할 때, 우리는 감히 절대와 그 심연은 그 어떤 직접적인 접근이 허용되지 않는다고 말할 수 있다. 로고스적 질서를 구성하는 개념이나 범주들, 그리고 수리적 기호들, 인간의 정신에 생명력을 부여하는 이미지와 다양한 표상의 방식들은 제각기 절대에 대한 고유의 이해를 시도하지만, 그 어떤 상징의 체계도 완벽하지도 않으며, 무엇이 알려지지 않았는가의 여부가 알려질 수 없는 근본적 상황을 극복할 수는 없기 때문이다. 따라서 절대의 심연을 외면한다는 것은 논리적 규정들의 운동이 — 헤겔의 경우처럼 — 마치 모종의 종결 상태, 즉 절대적 이념의 단계에 도달할 수 있다는 착각을 가능케 한다. 절대적 이념은 이념의 순수한 자기 관계가 바로 그러한 것으로 투명해지는 단계일 뿐이다. 그것은 모든 것에 대한 전적으로 형식적이거나 아니면 불완전한 재구성의 상태에 머물게 된다. 그가 시도한 로고스의 차원에 대한 서술이 불완전할 수밖에 없는 까닭은 다른 대안적인 서술의 가능성이 소진될 수 없기 때문이다.

절대의 심연이 개념적인 사유를 통해서 이해될 수 없다면, 그것은 의식의 체험을 통해서 이해될 수 있는 사태인가? 다만 정신이 스스로를 조직하고 인식하는 과정에서 의식 자체의 좌절과 의심이 필연적인 계기로 등장하지만, 우리는 이 체험이 어떤 의미에서 절대의 심연과 관련하는지 알 길이 없다. 헤겔은 지상의 모든 나그네들이 오랜 방황과 시행착오를 거친 후 자신의 고향에 도달할 수 있으리라는 헛된 희망을 유포하는 데 어느 정도 성공했다. 목적론적인 모든 설화는 단지 근거가 희박한 낙관주의에 의존하고 있기 때문만이 아니라, 선형적인 이야기의 단순한 흐름으로 인해서 오히려 불신을 증폭시킨다. 그것은 단지 유한한 존재의 종말이 항상 무한한 실체의 형성으로 귀결된다는, 종종 잔인할 수 있는 발상 때문만도 아니다. 따라서 절대의 심연이 삶이나 세계 안에서 극복되거나 지양될 수 있는 그 무엇으로 표상된다면, 이 역시 오해에 불과하다. 오히려 일상적인 세계에서 발견되는 삶의 역설과 어리석음, 상투적인 관행들은, 이 심연에 대한 통찰이 허용되지 않기 때문에 수용되거나 종종 거부된다.

그러므로 인간에게 알려지거나 이미 익숙해진 세계는, 절대의 심연에 가득한 알 수 없는—여기는 당연히 무엇이 알 수 없는지도 알려지지 않은 사태들이 포함된다—사태들의 바다에 포위된 섬으로 비유될 수 있다. 그러나 헤겔의 철학은 이 자그마한 섬에서 하나의 의미 있는 질서를 구축하려는 영웅적인 시도로 이해된다. 그 결과 사변적인 절대의 이론은 자신의 심연에 대한 외면을 통해서 세계 안에서 이성적인 방향 설정의 가능성을 제시한다.

여기서 다시 새로운 물음이 제기된다. 과연 절대의 심연은 '자기 자신의 타자'로 포착될 수 있는가? 만약 절대의 심연이 자기 자신의 타자로 이해될 수 없다면 그것은 절대 자체의 내적 본질일 수 없지 않은가? 만약 절대의 심연이 형식적인 의미의 자기 관계로 규정되고 모든 형태의 타자 관계로부터 분리된 채 이해된다면, 절대 역시 총체적 내재성의 자가당착에 직면하게 될 것이다. 즉 안과 밖의 구별이나, 내재성과 초월성의 구별도 이 때 불가능해진다. 그렇다면 존재나 무가 헤겔에서 '비규정성의 규정성'이란 특징을 보임으로써, 구체적인 존재, 즉 현

존재의 '진화'를 가능케 한 것과 마찬가지로 절대의 심연은 절대의 한 계기로서 간주되는 한에서만 가능한 개념인가? 절대의 심연이 절대 자체의 자기 전개 과정에 긴요한 까닭은 바로 전자가 하나의 계기로 이해될 수 있기 때문인가? 앞서 말한 대로 절대의 단초가 역설(paradox)인 한에서, 즉 절대가 자기 자신에게 있어서 타자로 이해되는 한에서만 유한한 것과 무한한 것의 차이가 근거 없는 것으로 판명되는가? 이 물음이 제기되는 까닭은, 오직 절대의 개념을 대신하는 무한과 유한의 차이에 대한 통상적인 믿음이 붕괴되는 한에서 절대의 내재성, 즉 내재적 초월이 공허한 개념이 아닌 것으로 드러나기 때문이다.

만약 우리가 유한한 생명체로서 무한한 존재에 전적으로 종속되어 있거나, 그 차이가 극복될 수 없다면, 내재적 초월은 단지 허구에 지나지 않을 것이다. 그러나 헤겔의 표현대로 절대적으로 무한한 존재에게 유한한 존재들이 본질적 중요성을 지닌다면, 내재성의 문제는 새롭게 대두된다. 내재성이란 관념 자체는 이제 논리적 관점에서도 절대의 운명에 주목하게 만든다. 만약 절대가 자기 자신에게 있어서의 타자로 입증되지 않는다면, 유한한 것과 무한한 것 사이의 차이, 즉 우리들의 통속적인 표상 속에 굳건히 자리 잡고 있는 이 차이는 더 이상 극복할 수 없는 것으로 남게 된다. 초월과 내재성, 유한과 무한의 동시적 존재에 대해 종교적인 은유에 의존하지 않은 채 사유할 수 있는 하나의 가능성은 '모순'과 '역설'을 통해 제시된다.

'모순과 역설'은 절대의 체험을 가능케 하는 단초인가? 이 주장은 사변적이다. 이는 절대가 자기 자신에게 있어서의 타자라는 말과 상응한다. 오직 이 경우에 유한한 존재들이 절대에 절대적으로 요청된다는 인식도 같은 맥락 위에 놓여 있다. 여기서 드러난 절대의 내적 본질은 일원론적인 세계 이해와 일치한다. 그렇다면 세계를 경험하고 파악한다는 것은 곧 절대가 자신을 인식하고 알아가는 과정과 동일하다는 주장 역시 타당한가? 진리를 향한 인류의 지적 모험에는 항상 보이지 않는 동반자가 수행하고 있었다는 말인가? 지적 모험에 수반되는 모든 오류와 시행착오 역시 정신의 자기 학습 과정에 긴요한 과정으로 간주되어야 하는가? 실존적 차원의 좌절과 절망은 이 같은 사변적인 형이상학 구도하에서 어떠한 의미가 있는가?

4

헤겔이 시도한 형이상학의 혁신은 절대가 역사나 시간 자체를 초월해서 이해될 수 없다는 인식에 뿌리를 둔다. 따라서 절대는 역사로부터 독립해서 이해될 수도 없고, 더구나 '탈역사적인' 추상의 공간에 안주할 수는 없다. 그렇다고 해서 절대가 시간 속에서 등장하는 특정한 현상들과 동일시될 수는 없다. 하지만 우리는 절대가 구체적으로 특정한 현상들과 맺고 있는 연관을 어떻게 이해해야 하는가? 지금까지 나는 절대의 지속적인 전개가 오직 그 자신의 내재된 근거에 의해서 설명될 수 있다고 말했다. 절대의 내재성은 그러나 우리에게 오직 세계 내의 사태들이 보여 주는 유한함을 통해서 경험된다. 형식적으로 말해서 그것은 유한한 존재 자체의 자기부정성에 지나지 않는다. 물론 이 자기부정성은 유한한 존재가 자신을 이해하고 실현하는 고유의 방식이기도 하다.

그러나 자기 자신의 부정이 항상 자신의 정체성에 대한 인식과 자기 형성의 계기로 이해될 수 있는지는 의문이다. 만약 자기-준거가 이중부정의 형식적인 절차를 필연적으로 요청한다면, 그것은 단지 로고스의 질서가 반복적으로 확인되는 것일 뿐이다. 자기-준거적 부정성이라는 변증법적 구성은 절대의 심연, 즉 더 이상 말해질 수도 알려질 수도 없는 바로 그것을 은폐하는 것으로 보인다. 질서와 체계에 대한 강박관념은 헤겔이 실재의 모든 순간에 항상 제거될 수 없는 심연의 기호를 판독하지 못하도록 만든 것이 아닌가? 사변적인 논리의 필연성은 결국 절대의 심연으로부터 벗어나려는 의지로부터 자유롭지 못한 것이 아닌가? 이러한 물음들은 후자가 인간적인 언어나 이미지, 기호들의 정렬된 질서로부터 벗어나 있다는 추정에 기반한다.

절대적 부정성에 근거하는 자기-준거는 어떤 존재가 스스로를 자유로운 존재로 인식할 수 있는 결정적인 조건이기도 하다. 동일한 사유의 맥락에서, 비록 표현은 다르지만 실체와 주체는 절대의 형식적 특징을 공유한다. 인간은 스스로를 자유로운 존재로 인식하는 순간 '신적인 것', 심지어 '성스러움의 흔적'을 경험하게 된다. 다시 말해서 인간에게 내재하는 신적인 것은 무엇보다 자유로운 존재의 자기 인식에서 드러난다. 따라서 자유가 인간의 본질적인 규정이라는 근거는 절대의 사유에 뿌리내리고 있다. 그 결과 자유의 의식의 전개 과정은, 그것이 주체의 의식에서 펼쳐지든, 혹은 역사와 사회적 제도의 지평 위에서 실현되든, 모두 절대의 내재적 본성이 실현되는 것이다. 자유와 인간이라는 존재의 연관은 잘 알려진 대로 하이데거에 의해서도 사유되었다. 그는 자유의 문제를 도덕이나 규범적인 동기에 초점을 맞추지 않고, 셸링이 이미 시도했듯이, 그 존재론적인 근거에 대한 물음으로 이어 간다. 인간이라는 존재의 자유는 그 어떤 도덕적 당위나 긍정적인 의미의 자기실현이 아닌, 존재 자체의 심연과 대면함으로써 구체화된다. 인간이 세계 안에서 직면하는 실존적인 가능성들은 자유를 이러저러한 선택이나 그 어떤 실질적인 행위의 실질적인 결과를 초월해서 다가오는 운명적인 결단으로 간주해야 한다는 것이다. 삶의 과정에서 우리가 종종 경험하는 결단의 계기들은 자유가 그 어떤 추상적인 이념이 아닌, 삶의 가장 구체적인 체험, 즉 절대의 심연과 마주하는 드문 체험을 의미하기 때문이다.

우리가 자유에 대한 하이데거의 존재론적인 성찰에서 기독교나 특히 키르케고르에 의해 깊이 있게 검토된 운명적 실존의 가능성을 감지하는 것은 어렵지 않다. 그러나 고대 그리스에서 비롯한 사유 자체의 자유로움이나 '신적인 것'에 대한 통찰은 이미 항상 이념과 로고스의 지평 위에서 전개된다. 그리스의 지혜는 로고스의 질서를 종교적인 이미지에 의해 간섭받지 않은 상태에서 향유하는 과정에서 숙성되어 갔다.

후에 플라톤주의로 알려진 사유는 정신의 역사에서 목격할 수 있는 여러 계기들에 의해서 포섭된 순수 사유의 향연으로 그치지 않는다. 왜냐하면 절대의 내재성에 대한 사유는 유한한 존재들을 통해서 현상하는 삶의 방식에 대한 규범적인 해석을 낳기 때문이다. 우리는 왜 관념론(idealism)을 동시에 이상주의로 번역하고 싶은 충동을 느끼는가? 보이는 세계와 보이지 않는 세계, 변화하는 세계와 변화하지 않는 세계의 구별은—과거나 오늘이나 마찬가지로—단순히 물리적인 구별이나 존재론적인 구별이 아닌 그 이상의 의미를 함축하게 된다. 그래서 모든 그 자체로 실재하는 개별 존재들은 완벽주의(perfectionism)라는 이름의 사유의 질서 안에서 이미 항상 규정된 존재로서 간주된다. 그 결과 로고스의 전개 과정은 사유의 사유(noesis noeseos)가 보다 순수하고 투명한 자기 이해에 도달하는 과정이자 동시에 절대가 자기 스스로의 완성된 상태를 지향하고 달성하는 여정이다.

임홍빈 저술 목록

저서

Absoluter Unterschied und Begriff in der Philosophie Hegels. Frankfurt am Main: P. Lang Verlag, 1989.

《기술문명과 철학》. 문예출판사, 1995.

《근대적 이성과 헤겔철학》. 고려대학교 출판부, 1996.

《세계화의 철학적 담론》. 문예출판사, 2002.

《인권의 이념과 아시아 가치론》. 아연출판부, 2003.

《수치심과 죄책감》. 바다출판사, 2013.

편저

《동서철학의 공적 합리성—개념 체계의 기원과 형성》. 철학과 현실사, 2005.

《동서철학에 나타난 공적 합리성 논쟁》. 철학과 현실사, 2005.

《새로운 공적 합리성의 모색》. 철학과 현실사, 2005.

Transculturality–Epistemology, Ethics, and Politics. Co-edited with Hans Jörg Sandkühler. Frankfurt am Main: P. Lang, 2004.

Menschsein: On Being Human. Co-edited with Georg Mohr. Frankfurt am Main: P. Lang, 2011.

역서

《새로운 정신분석 강의》. 지크문트 프로이트 지음. 임홍빈·홍혜경 공역. 열린책들, 1996.

《정신분석강의》. 지크문트 프로이트 지음. 임홍빈·홍혜경 공역. 열린책들, 1997.

《윤리학사전》. 오트프리트 회페 엮음. 김종국·소병철·임홍빈 공역. 도서출판 예경, 1998.

논문과 기타 발표문

1990. 〈자기관계적 부정과 Hegel의 이론철학〉. 《인문연구》(영남대학교 인문과학연구소) 제12권, 제1호(1989년 10월 27일 한국분석철학회 제67차 월례회 발표논문): 135-160.

1990. 〈과학적 이성과 과학화의 동향〉. 《기독교사상》(대한기독교서회) 1990년 2월: 14-21.

1991. 〈칸트의 도덕성 개념에 대한 헤겔의 비판은 과연 정당한가?〉. 《철학》(한국철학회) 제35집: 163-188.

1991. 〈깨어있는 삶의 형이상학-Dieter Henrich의 사변적 사유를 중심으로〉. 《철학연구》(대한철학회) 제47집(1991년 10월 12일 대한철학회, 경북대학교 철학과 심포지움 발표논문): 13-33.

1991. 〈맑스, 맑시즘, 변화된 현실〉 《문화비평》(도서출판 그루) 봄호(제6호): 38-51.

1992. 〈변증법과 대화〉. 크리스찬 아카데미 엮음. 《대화의 철학》. 서광사. 197-226.

1992. 〈과학기술문명과 철학의 과제—역동적 규범이론의 정립을 지향하며〉. 《과학사상》(범양사) 제2호: 64-95.

1992. 〈현대 기술 문명과 책임의 철학〉. 신일철 외 엮음. 《현대철학과 사회》. 서광사. 337-360.

1992. 〈철학적 회의주의와 체계적 사유〉. 《인문논집》(고려대학교 문과대학) 제37집: 39-60.

1993. 〈21세기의 길목에서 한국철학을 반성한다〉. 《사회비평》(나남) 제10권: 8-39.

1993. 〈현대의 불확실성과 역동적 규범이론—기술공학시대의 실천철학〉. 《철학연구》(대한철학회) 제50집: 83-105.

1993. 〈철학적 방법으로서의 변증법?〉. 《철학연구》(철학연구회) 제32집: 187-211.

1993. 〈도덕적 합리성의 유형에 관해〉. 《철학과 현상학 연구》(한국현상학회) 제7집: 391-415.

1994. 〈과학기술시대의 인문적 상상력〉. 《현대비평과 이론》(한신문화사) 가을/겨울호(제4권 제2호, 통권 8호): 50-61.

1994. 〈실천적 판단력의 탐구〉. 《성곡논집》(성곡학술문화재단) 25집, 상권: 1-45.

1995. 〈헤겔의 형이상학〉. 《고전 형이상학의 전개(형이상학과 존재론 I)》. 철학과현실사. 343-370.

1995. 〈기술공학 시대의 문화〉. 한국철학회 편. 《문화철학》. 《철학》(한국철학회) 별책 1권. 철학과 현실사. 344-374.

1996. 〈불확정 시대의 성과 현대문화〉. 《감성의 철학》. 민음사. 329-371.

1996. 〈정보사회의 생활윤리〉. 《정보사회와 사회윤리》. 아산사회복지재단. 435-453.

1996. 〈기술과 윤리〉. 《철학연구》(대한철학회) 제56집: 1-11.

1996. 〈체계합리성과 절차적 합리성〉. 《철학연구》(대한철학회), 58집: 253-274.

1997. 〈기술문명과 노동〉. 《한국의 도전과 선택—21세기 국가경영론》. 나남출판. 602-617.

1997. "Tehnika i kriza identiteta Moderne." *Filozofska Istrazivanja*, God. 17 Sv.1. Zagreb, 137-146.

1998. 〈기술에 대한 실천철학적 담론의 몇 가지 유형들〉. 한국철학회 편. 《기술문명에 대한 철학적 반성》. 《철학》(한국철학회) 별책 5권. 철학과 현실사. 37-58.

1999. 〈헤겔의 사변적 철학 이념과 철학사의 문제〉. 한국철학회 편. 《철학사와 철학》. 《철학》(한국철학회) 별책 4권. 철학과 현실사. 161-181.

1999. 〈정치의 르네상스?〉. 《철학비평》(세종출판사) 2호: 9-25.

1999. "Ideengeschichtliche Hintergründe der Asienkrise?-Ein kulturtheoretischer Versuch." *Dialektik* (Hamburg: Felix Meiner Verlag), 1999/2, 75-88.

1999. 〈매체사회의 등장과 구성주의적 세계해석의 문제〉. 《철학비평》(세종출판사) 3호: 97-126.

1999. 〈20세기 과학기술과 세계사회의 규범적 쟁점들〉. 《철학과 현실》(철학문화연구소) 여름호(통권 41호): 85-101.

1999. 〈자유의 형이상학〉. 《철학연구》(대한철학회) 제72집: 319-335.

2000. 〈헤겔철학에서 퓌로니즘(Pyrrhonism)과 '정신현상학'의 이념〉. 《철학》(한국철학회) 제62집: 185-205.

2000. 〈지식기반 사회론의 이데올로기〉. 《과학사상》 제34호: 132-146.

2001. 〈생명의 형이상학은 가능한가?〉. 《과학사상》 제36호: 151-166.

2001. 〈세계화 시대의 국가와 시장—규범적 정치철학을 위한 시론〉. 한국철학회 편. 《21세기의 도전과 희망의 철학》. 《철학》(한국철학회) 제66집 별책. 철학과 현실사. 278-301.

2001. 〈인권개념의 철학적 정당화와 문화다원주의〉. 《철학연구》(철학연구회) 제54집: 333-349.

2001. "Menschenrecht im Zeitalter der Globalisierung in Kontext der koreanischen Kultur." *Begründungen und Wirkungen von Menschenrechte im Kontext der Globalisierung*. Hrsg. von Raul Fornet-Betancourt/Hans Jörg Sandkühler. Frankfurt am Main/London: IKO-Verlag für Interkulturelle Kommunikation. 134-143.

2002. 〈Die Implikationen der Skeptischen Kultur-Reflexion über die pyrrhonischen Tradition〉. 《철학연구》(고려대학교 철학연구소) 제25집: 255-275.

2002. 〈국가체제의 변형과 세계화의 도전〉. 《인문과학》(성균관대학교 인문과학연구소) 제32집: 227-237.

2002. 〈나는 과연 서양철학자인가〉. 《오늘의 동양사상》(예문동양사상연구원) 제6호: 288-305.

2003. 〈과학기술에 대한 서양철학적 성찰〉. 《공학윤리》. 철학과 현실사. 45-76.

2003. 〈삶의 형식으로서의 퓌론주의(Pyrrhonism)와 그 인식론적 변형〉. 《철학논총》(새한철학회) 제31집: 149-168

2003. 〈공적 합리성의 진화론적 고찰—교환적 정의의 관점에서〉. 《철학연구》(대한

철학회) 제86집: 315-337.

2004. 〈체계합리성, 행위합리성, 공공성〉. 《철학연구》(고려대학교 철학연구소) 제28집: 3-27.

2004. "The Irrelevance of the Tragic in Korea's Religious Consciousness." *Transculturality–Epistemology, Ethics, and Politics*. Edited by Hans Jörg Sandkühle and Hong-Bin Lim. P. Lang. 61-67.

2004. "The Implications of Sceptic Culture: Reflections on the Pyrrhonic Tradition." *Transculturality–Epistemology, Ethics, and Politics*. Edited by Hans Jörg Sandkühler and Hong-Bin Lim. P. Lang. 51-60.

2007. 〈예술, 진리, 과학적 인식〉. 한국과학문화재단 편저. 《새로 보는 과학기술》. 양문. 133-140.

2005. 〈비판적 매체철학의 관점에서 본 공적 합리성〉. 《철학연구》(고려대학교 철학연구소) 제29집: 167-193.

2005. 〈비극적 인식과 인륜성〉. 《범한철학》(범한철학회) 제39집: 29-48.

2006. 〈몸과 이성, 자아—《차라투스트라는 이렇게 말했다》의 한 해석〉. 《니체연구》(한국니체학회) 제10집: 175-194.

2007. 〈헤겔철학에서 정신개념의 문제〉. 《철학연구》(고려대학교 철학연구소) 제34집: 99-127.

2007. 〈'사변적 정신'과 욕망의 문제〉. 《철학》(한국철학회) 제93집: 133-158.

2008. 〈미적 실존의 조건들〉. 《철학연구》(고려대학교 철학연구소) 제36집: 243-267.

2010. 〈'정서의 경제'와 자연주의 심리학-니체의 경우〉. 《철학연구》(대한철학회) 제113집: 287-311.

2011. "Warum Schamkultur? Ein interkultureller Versuch." *Wege in der Philosophie: Geschichte-Wissen-Recht-Transkulturalität*. Hrsg. von Sarhan Dhouib/Andreas Jürgens, Velbrück Wissenschaft, Weilerswist, 403-411.

2011. "Die Zirkelstruktur der menschlichen Selbstbestimmungsversuche." *Menschsein: On Being Human*, Hrsg. von Hong-Bin Lim, Georg Mohr. Frankfurt am Main: P. Lang. 11-20. (이 글을 토대로 4장이 서술되었음을 밝힌다.)

2011. "Nature and Rationalization of Guilt Culture." *Menschsein: On Being Human*, Hrsg. von Hong-Bin Lim, Georg Mohr. Frankfurt am Main: P. Lang. 319-326.

2011. 〈인륜성과 죄의식〉. 《헤겔연구》(한국헤겔학회) 제30호: 171-189.

2013. 〈사변적 예술철학과 근대성〉. 《철학연구》(고려대학교 철학연구소) 제47집: 65-89.

2015. "Meditationen zum Absoluten." *Begriff und Interpretation im Zeichen der Moderne*. Hrsg. von Sarah Schmidt, Dimitris Karydas, Jure Zovko. Berlin/Boston: Walter de Gruyter. 99-107. (이 글을 토대로 10장이 서술되었음을 밝힌다.)

2015. 〈헤겔미학의 정치적 함축-고전예술론을 중심으로〉. 《철학연구》(고려대학교 철학연구소) 제51집: 57-80.

2016. 〈철학적 계몽이란?〉. 《아시아 문화》(아시아문화커뮤니티) 통권 27호: 35-50.

2017. 〈'이데올로기 비판'의 비판적 재구성〉. 《범한철학》(범한철학회) 제84집: 81-110.

2019. 〈헤겔의 의지 개념-Enzyklopädie(§§469-480)의 분석〉. 《헤겔연구》(한국헤겔학회) 제45호: 29-49.

국제 학술대회 발표 논문

(발표논문 제목/ 학회 주제 / 주최기관/ 일시)

"Science, Technology, and Ethics." *Visions of the Asian Renaissance: Science, Technology and Change*. UNESCO office Jakarta-Korea United Commission, Seoul, Korea, 15-17 January 1996.

"Nation-State and Market in a Global Age: Transformation of Democracy." *A Dialogue among Civilizations: Democracy and East Asian Traditions*. Korea National Commission for UNESCO Press Center, Seoul, Korea, 11-13 June 2002.

"The Irrelevance of the Tragic in Korea's Religious Consciousness." *American Academy of Religion*. Atlanta, USA, 22-25 November 2003.

"The Inter-regional Philosophical Dialogue: Asia and the Arab World." *The Inter-*

regional Philosophical Dialogue: Asia and the Arab World. UNESCO House/ Maison de l'UNESCO Paris, France Paris, 16-17 November 2004.

"Considerations on the Origin of Ethical Consciousness." *The Vision of the Asian Community.* Asian Philosophical Association, Faith University, Istanbul Turkey, 29 September – 1 October 2005.

"Menschenrechte in Ostasien." *Internationale Woche.* Bremen University, Bremen Germany. 19-25. May 2006.

"The Problem of Self(lessness): An Intercultural Perspective." 《中, 韓 東西哲學中心之心身關係與修養論》, 學術研討會, 회의논문, 대만대학 철학계, 고려대학교 철학과, 19 July 2006.

"On the Relevance of Pyrrhonism for some Eastern and Western Concepts of Self." *Greek Philosophy and the Issues of Our Age.* International Association of Greek Philosophy, 12-18 July 2008.

"Eine Interpretation der Begierde in Kontext der Hegelschen Metaphysik des Geistes." *Geist?* XXVII. Internationale Hegel-Kongress der Hegel-Gesellschaft, Belgium, Louvain University, 9-13 September 2008.

"The Problem of Infinity as Aesthetic Category." P*hilosophy, Art and Technology.* International Association of Greek Philosophy, Cyprus Greece, 21-27 July 2009. (이를 토대로 9장이 서술되었음을 밝힌다.)

"Affective Economy and Self in Nietzsche's Philosophy." *Nietzsche on Mind and Nature.* Friedrich Nietzsche Society of Great Britain and Ireland, Oxford University: Peters College, Great Britain, September 2009.

"Aesthetic Existence and Affection in Nietzsche." *Nietzsche: The Becoming of Life.* Institutio de Humanidades Universidad Diego Portales, Santiago, Chile, November 2009.

"Towards a Great Economy of Nature." *The Age of Breath.* University Primorska, Science & Research, Center of Koper, Portoroz, Slovenia, 6-8 May 2010.

"Nietzsche and Rationalization of Guilt Culture." *The Philosophy of Environment.* 22nd. International Association of Greek Philosophy, Kalamata, Greece, 16-21 July 2010.

"The Dialectic of Trans-modernity." *Philosophy, Politics & Economics*. International Association of Greek Philosophy, The 23rd International Conference of Philosophy, Vouliagmeni, Greece. 29 September 2011.

"Spinoza, Arne Naess, and Ecological Lifestyle." *Living with Consequences*. University of Primorska: Science and Research Center, Primorska University, Slovenia, 14-15 October 2011.

"Emotional Life in Modernity." *The Philosophy of Inter-human Relations and the Relations with other Natural Beings in the Global Era*. International Association of Greek Philosophy Samos, Greece, 17-22 July 2012.

"Hegel on Emotions." *Hegel gegen Hegel*. The XXIX. International Hegel-Society. Istanbul Turkey, 3-6 October 2012.

"What is the Matter with the Idea of Infinity?" *Philosophy as Inquiry and Way of Life*. XXIII. World Congress of Philosophy, Athens Greece, 4-10 August 2013. (이 글 역시 9장의 토대가 되었음을 밝힌다.)

"Der Abgrund des Absoluten: Ein imaginäres Gespräch mit Hegel und Kant." *Hegels Antwort auf Kant*. International Hegel-SocietyWien Austria, 23-26 April 2014. (이 글이 10장의 토대가 되었음을 밝힌다.)

"Knowledge & Ignorance in Plato's 『Euthypro』." *International Conference on Epistemology and Cognitive Science*. Xiamen University, Xiamen People's Republic of China, 28-29 June 2014.

"The Humanistic Aspect of Socratic Piety." *Greek Philosophy & Moral and Political Issues of Our Global Era*. International Association of Greek Philosophy, Vouliagmeni, Greece, 12-17 July 2014.

"The Cultural Mind & Ontology of Self-Reference." *Mind and Culture*. Institute of Philosophy, University of Zagreb, Zagreb Slovenia, 5-6 December 2014.

"Will and the Problem of Self." *Happiness and Goodness*. Erfurt University/Korea University, Erfurt Germany, 21-22 October 2015.

"Ecological Perspectives of Spinoza." *Global Ethics and Politics in Relation to Ecological Philosophy and Other Crucial Issues of Our Era*. International Association of Greek Philosophy, Vouliagmeni-Athens, 11-16 July 2015.

"Hegel's Theory of the Will." *Erkenne Dich Selbst*. 31st. Hegel Congress, International Society of Hegel, 17-20 May 2016.

"Unconventional Reflections of the Cryptic Passage of 《De Anima》 3.5." *The Philosophy of Aristotle*. World Congress in Philosophy, Athens Greece, 9-15 July 2016.

"Reflections on the Modern Pyrrhonism." *Greek Moral and Political Philosophy*. International Association of Greek Philosophy, Rhodes Greece, 7-12 July 2017.

"'Eris' and the Future of Liberalism." *Polis, Cosmopolis, and Globalization*. International Association of Greek Philosophy, Pytagoreio Greece, 20-26 July 2018.

"Why I believe that Kant's Notion of Self-consistency should be based on Aristotle?" *The Possibility of Eudaimonia*. International Association of Greek Philosophy, Athens Greece, 12-15 July 2019.

후기

한 학자가 동료와 후학들이 평가하고 주목할 만한 가치가 있는 연구업적을 남겼다면 그 학자는 행운을 얻은 것이다. 교수가 정년을 맞이하는 것은 노동자가 퇴직을 하게 된 것과 같을 수 없다. 노동자의 퇴직은 더 이상 자신이 종사해 왔던 일을 할 수 없음을 뜻하는 반면 교수의 정년은 사실상의 퇴직임에도 진정으로 자유로운 연구자가 될 수 있음을 의미하기 때문이다. 한 교수가 가장 영예롭게 자신의 정년 퇴임을 기념하는 것은 자신이 연구한 성과를 동료와 후학들이 돌아보고 학문적으로 평가하는 자리를 갖는 것이다.

많은 교수가 정년을 맞이하지만 이처럼 자신의 연구 업적을 학문적으로 주목해 주는 후학이나 동료가 없이 퇴임하는 경우가 많다. 그리고 정년 퇴임을 기념하는 책이 출판되는 경우가 있지만 많은 경우 정년을 맞이한 교수의 연구 업적에 대한 후학과 동료들의 학문적 평가로 이루어진 경우는 드물다. 대부분의 정년 퇴임 기념 도서는 후학이나 동료들이 정년을 맞이한 교수에 대한 우정과 소회를 담은 글이나 이미 출판한 글을 엮어 출판된다.

이 책은 임홍빈 교수의 정년 퇴임을 기념하여 고려대학교 철학연구소 주최로 2019년 6월 28일 고려대학교에서 열렸던 학술대회,

〈임홍빈 철학의 주제들〉에서 발표된 글과 그 발표에 대한 임홍빈 교수의 응답, 그리고 임홍빈 교수의 새로운 글인 〈예술과 무한의 이념〉과 〈절대의 심연〉으로 구성되었다. 위 학술 대회에서 발표된 글들은 임홍빈 교수의 연구 업적에 대해 후학이자 동료인 황설중, 소병일, 양대종, 권영우가 비판적으로 평가한 내용을 담고 있다. 학술 대회 이후 임홍빈 교수는 자신의 연구 업적에 대한 비판적 평가에 응답하기 위해 시간을 가졌고 정년 퇴임 이후 거의 5년이 지난 시점에 비로소 임홍빈 교수의 정년 퇴임 기념 도서를 출판할 수 있게 되었다.

이처럼 정년을 맞이한 교수의 연구 업적을 후학과 동료가 학문적으로 평가하고 그 평가에 응답하는 학문적 노정을 함께 했다는 것은 그 노정에 참여한 학자로서 기쁜 일이며, 그 노정의 주인공인 퇴임 교수에게는 모든 학자가 누릴 수 없는 자랑스럽고 영예로운 훈장과 같은 일이라 확신한다.

이 책은 단지 임홍빈 교수와 후학이자 동료인 학자들이 나눈 작은 학문적 담론 이상의 의미를 갖는다고 생각한다. 왜냐하면 교육자로서 때로는 행정가로서 그리고 학자로서 한 교수의 삶이 끝나는 순간에 오히려 가장 멋지게 빛날 수 있음을 이 책의 출판 과정과 이 책 자체가 하나의 좋은 모범으로 보여 주고 있기 때문이다.

2024년 4월 5일

후학 필진을 대표하여 권영우

임홍빈

고려대학교 철학과를 거쳐, 독일 프랑크푸르트대학 철학부에서 철학과 사회학, 교육학을 연구, 철학석사와 철학박사 학위를 취득한 후, 1990년 영남대학 철학과에 부임했다. 1992년부터 고려대학교 철학과에서 실천철학, 독일고전철학, 형이상학, 미학 등을 강의했으며, 재직 중 호주 국립대학 철학과와 독일 아우크스부르크대학에서 연구교수를, 독일 브레멘대학에서는 문화철학 관련 초빙교수로 동아시아의 인권, 문명의 유형론, 니체와 장자 등에 대해 강의했다. 해외 학회에서 수십 차례에 걸쳐 논문을 발표하고, 한국철학회 회장, 국제 그리스 철학회 명예회장, 국제 헤겔학회 학술이사 등을 역임했다. 현재 고려대학교 철학과 명예교수이다. 주요 저서로 《기술문명과 철학》, 《세계화의 철학적 담론》, 《수치심과 죄책감》 등이, 논문으로는 〈헤겔철학에서 절대적 차이와 개념〉 등이 있다.

황설중

고려대학교 철학과와 동 대학원 철학과를 졸업하였다. 독일 빌레펠트대학에서 포스트닥터 과정을 밟았다. 고려대학교 철학연구소 연구교수를 거쳐 현재 대전대학교 교양학부 교수로 재직하고 있다. 저서로 《고대 회의주의와 근대철학》, 《몽테뉴와 고대 퓌론주의》가 있으며, 논문으로는 〈니체와 고대 피론주의〉, 〈버클리와 회의주의〉, 〈흄의 회의주의와 퓌론주의〉, 〈피론주의와 칸트의 비판 철학〉, 〈피론주의와 헤겔의 사변 철학〉, 〈가쌍디는 회의주의를 극복하였는가?〉 등이 있다.

소병일

고려대학교 철학과와 동 대학원 철학과를 졸업하였다. 고려대학교 철학연구소 '감성의 인간학' 연구교수를 역임하였고, 현재 성균관대학교 초빙교수, 고려대학교 시간강사로 재직하고 있다. 저서로 《욕망, 그리고 철학》(근간), 공저로 《감정의 세계, 정치》, 논문으로는 〈사랑에서 인정으로〉, 〈이성과 감정의 이원론을 넘어〉, 〈공감과 공감의 윤리적 확장에 관하여〉, 〈행복과 국가, 그리고 정치〉 등이 있다.

양대종

고려대학교 철학과와 독일 레겐스부르크대학 철학과, 훔볼트대학 철학과를 거치며 박사 학위를 취득했다. 건국대학교 철학과 교수로 재직하고 있다. 한국니체학회 회장을 맡고 있다. 저서로《니체—현대성의 위기와 미래철학의 과제》,《포이어바흐의 〈기독교의 본질〉 읽기》, 역서로《인간교육론 외》(빌헬름 폰 훔볼트 지음) 등이 있다.

권영우

고려대학교 철학과와 스위스 바젤대학 철학과, 독일 튀빙겐대학 철학과, 독일 하이델베르크대학 철학과에서 수학하였다. 우송대학교 교양교육원 초빙교수와 한국외국어대학교 철학과 교수를 거쳐 현재 고려대학교 철학과 교수로 재직하고 있다. 공저로《서양철학의 수용과 탈식민철학의 가능성》,《현대 영미 철학에서 헤겔로의 귀환》 등이 있으며, 주요 논문으로 〈칸트와 헤겔에서 논리학과 형이상학의 관계에 대한 고찰〉, 〈자유주의의 내재적 문제와 헤겔의 법철학〉, 〈융복합의 관점에서 본 자연과학과 형이상학의 관계와 철학의 미래에 관한 고찰〉 등이 있다.

절대의 파편들
임홍빈과 황설중·소병일·양대종·권영우가 함께한 철학의 향연

초판 발행 1쇄 2024년 5월 10일

지은이 임홍빈·황설중·소병일·양대종·권영우
펴낸곳 고려대학교출판문화원
www.kupress.com
kupress@korea.ac.kr
(02841) 서울특별시 성북구 안암로 145
Tel 02-3290-4230, 4232
Fax 02-923-6311
찍은곳 네오프린텍(주)

ISBN 979-11-6956-071-9 93110

값 27,000원
※ 잘못 만들어진 책은 바꿔 드립니다.